金継ぎのすすめ　ものを大切にする心

金繕·惜物之心

[日]小泽典代 —— 著
张含笑 —— 译

广西师范大学出版社
·桂林·

金缮：惜物之心
Jinshan: Xiwu zhi Xin

KINTSUGI NO SUSUME : MONO WO TAISETSUNISURU KOKORO
by NORIYO OZAWA
Copyright © 2013 NORIYO OZAWA
Original Japanese edition published by SEIBUNDO SHINKOSHA Publishing Co., Ltd.
All rights reserved
Chinese (in simplified character only) translation copyright © 2018 by Guangxi Normal University Press Group Co., Ltd.
Chinese(in simplified character only) translation rights arranged with SEIBUNDO SHINKOSHA Publishing Co., Ltd. through Bardon-Chinese Media Agency, Taipei.
著作权合同登记号桂图登字：20-2017-244 号

图书在版编目（CIP）数据

金缮：惜物之心 ／（日）小泽典代著；张含笑译. —桂林：广西师范大学出版社，2019.1（2021.11）
ISBN 978-7-5598-1093-9

Ⅰ.①金… Ⅱ.①小…②张… Ⅲ.①器物修复 Ⅳ.①G264.3

中国版本图书馆 CIP 数据核字（2018）第 167217 号

广西师范大学出版社出版发行
（广西桂林市五里店路 9 号　邮政编码：541004）
（网址：http://www.bbtpress.com）
出版人：黄轩庄
全国新华书店经销
北京盛通印刷股份有限公司印刷
（北京经济技术开发区经海三路 18 号　邮政编码：100176）
开本：710 mm × 960 mm　1/16
印张：14　　字数：100 千字　　图：370 幅
2019 年 1 月第 1 版　　2021 年 11 月第 2 次印刷
定价：128.00 元

如发现印装质量问题，影响阅读，请与出版社发行部门联系调换。

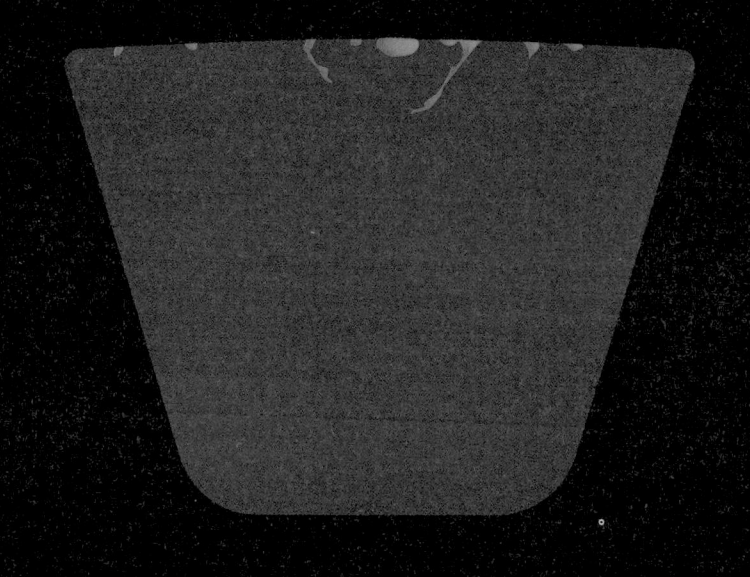

前言

认真思考人与器物之间的关系——也许这并非是一件在现如今值得高谈阔论的事。然而我依旧认为，若非将自我浸润其中，人是无法真正设身处地去思考此事的。我自然也不例外。而现在这个时代，也许正是重新看待一切事物的最佳时机。

3·11东日本大地震留下的伤痛还没有完全愈合，灾难在所有日本人的心里都留下了阴影。每每想到那些生活中的一切在一瞬间便被剥夺的人们，就会提醒自己要知足，同时也会为自己对事物的执念和挑剔感到羞耻。

可是，到头来人对器物的感情是不可能这么简单就消失的；这样的境况下甚至可能意识到对心爱之物的感情比以往任何时候都更加深厚。对我来说，正是通过器物才

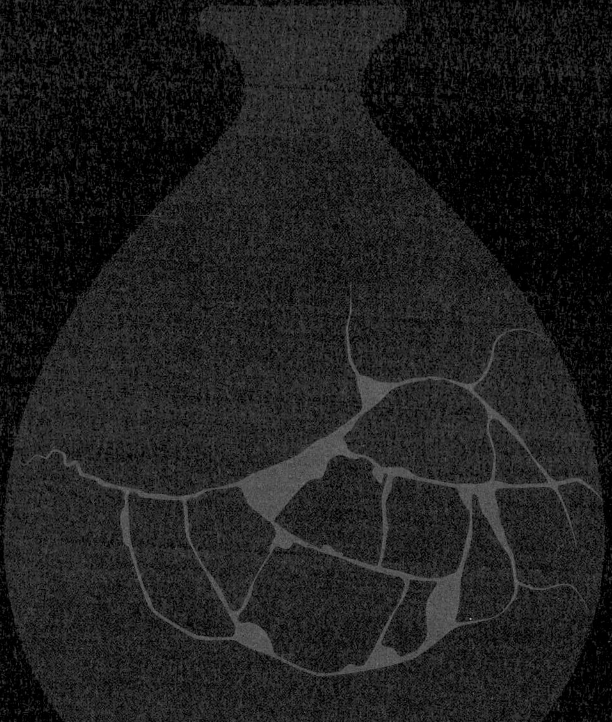

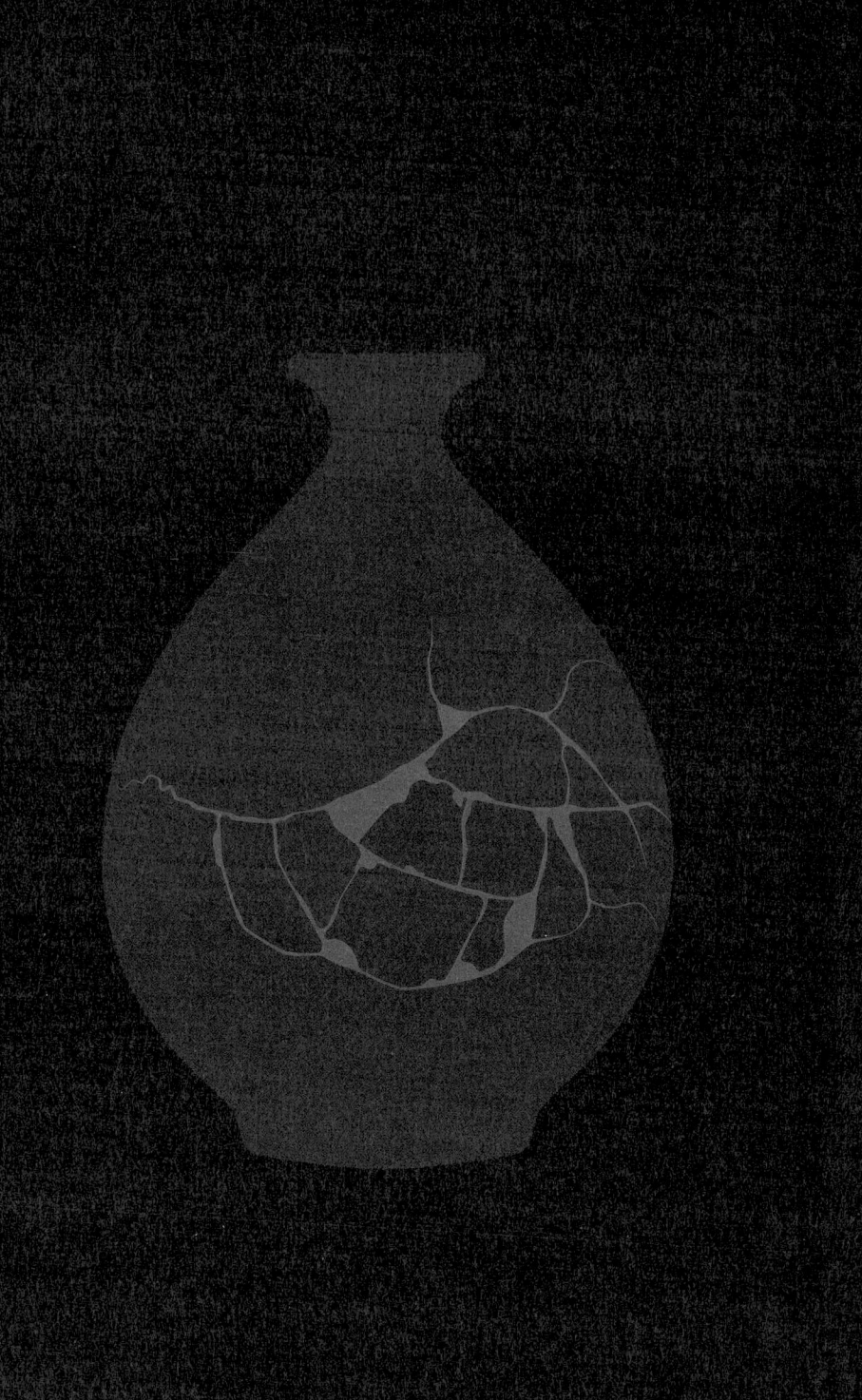

学到很多东西。即便说"正是仰仗着从那些创造器物的人们以及与他们一同工作时所学到的东西，才成就了我如今所做之事"，也并不为过。所以从今往后，我也希望能抱着积极的态度去接触自己喜欢的器物，以及它们的制作背景。

然而当下经济长期不景气，就算是我这样的普通百姓也受到波及，遇到自己欣赏的东西、喜欢的东西也不能痛快地说买就买。恐怕当下的大多数人都或多或少遭遇过类似的情形吧。更糟糕的是，大家普遍都不看好经济能在近期内复苏。

好像一开头说的都是些沉重的话题，但正是通过反省自己的肤浅，坦诚地审视自己的现状和欲望，才能从自己身上找到光明和希望，那便是人们的惜物之心——对珍爱的器物呵护有加，对它们的感情连绵久长。

虽然前言可能有些冗长，本书其实主要是整理介绍了金缮修复的技艺，从事金缮和爱用金缮的人们的故事。我想通过金缮来窥探珍视生活的价值观，和日常中存在的美好。

"金缮"是从室町时代的茶道世界中发端，具备日本独特审美理念的器物修缮技法。这个技法不仅仅停留在器物修复层面，而是用美感给修复后的伤痕赋予新的价值，更有人将修复的痕迹爱称为"景色"——可以说金缮是由爱物、惜物之心萌生出来的日本传统艺术。金缮的工艺中深藏玄妙，人们能从中见识到日本人深沉温柔的智慧及其巧夺天工的技艺。

金缮原本用于修复价值很高的物品，例如茶道中使用的茶碗、花道中的花器，又或是古董艺术品。然而近年来，更平易近人的金缮修复正悄然兴起。以年轻人为中心，以日常生活中使用的被称为"生活杂器"的器物为修复对象的金缮受到了瞩目，与此同时，也出现了一些年轻的专业金缮技师。这些匠人的工作中，体现出一种不被固有传统束缚的自由。正是这种自由的精神，让原本只存在于茶道世界中的金缮，走进了人们的生活。从前高高在上的阳春白雪，现在也能为普罗大众喜闻乐见，这也使得重要的文化得以保留和传承。

用金缮来修复日常使用而非高价的器物，这也让人感受到当下生活的富足。虽然"只对高价的物品珍惜有加"这种旧观念仍然存在，但隐隐为此感到悲哀的一定不止我一个人。不问价格与名气，由衷地珍爱一件器物——我想这才是我今后想一心实践的价值观。

每件器物的背后都蕴藏着故事：或是器物的制造者和使用者之间的故事，或是馈赠者和受赠者之间心灵的交流，又或是对每天使用的器物爱不释手的心情……而且，无论是谁都有过睹物而追思往事的经历吧。将所有这些关联的背景和情绪连同器物本身一起珍惜对待，我想这才是正确的待物之道吧。

正是仰仗这些满怀真情善待器物的人们，金缮才迎来了发展的新篇章。本书中登场的喜欢金缮的人们，每一位都对器物抱持着细腻的情感。这种旁人眼中的真情流露实际是源于爱物者内心的丰腴。以金缮为营生的人，对待器物都摆出认真的架势，这门手艺的闪光之处正在于倾尽全力为器物塑造新的姿态。

对于之后想尝试金缮这门手艺的人来说，本书中登场的人物、他们的器物和他们的生活，一定能给您带去绝佳的启示。为了方便大家实践金缮，书中也加入了大量的基础实用知识。如果大家能通过金缮，亲近器物，感受到内心的充实，我必欣喜不已。

小泽典代

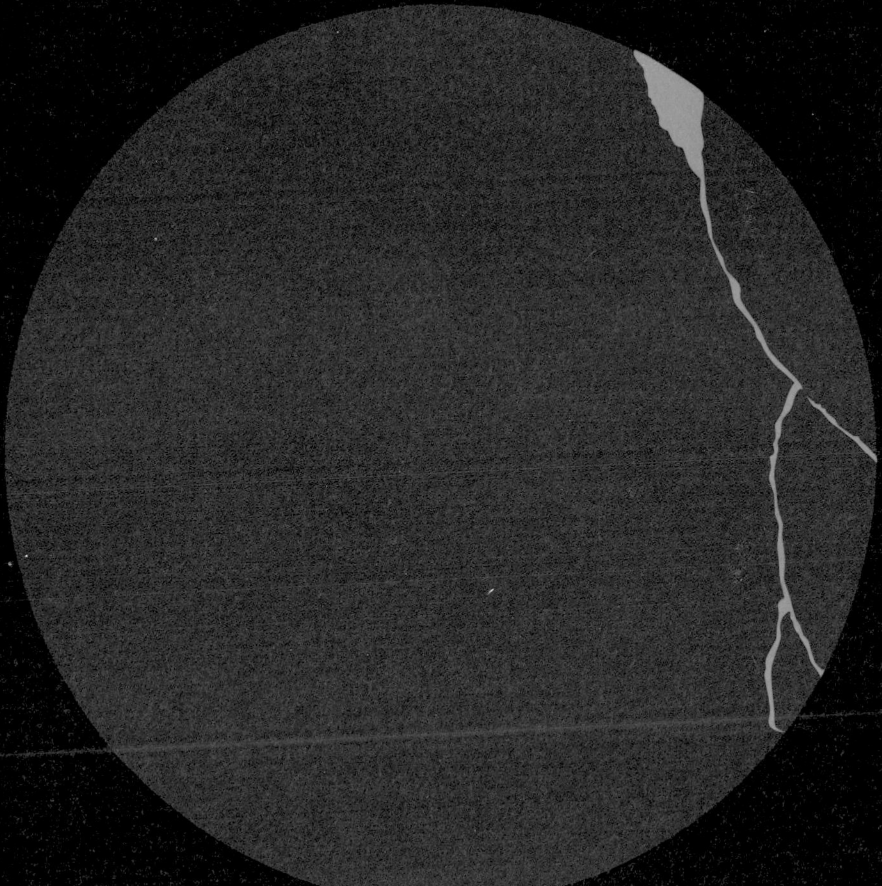

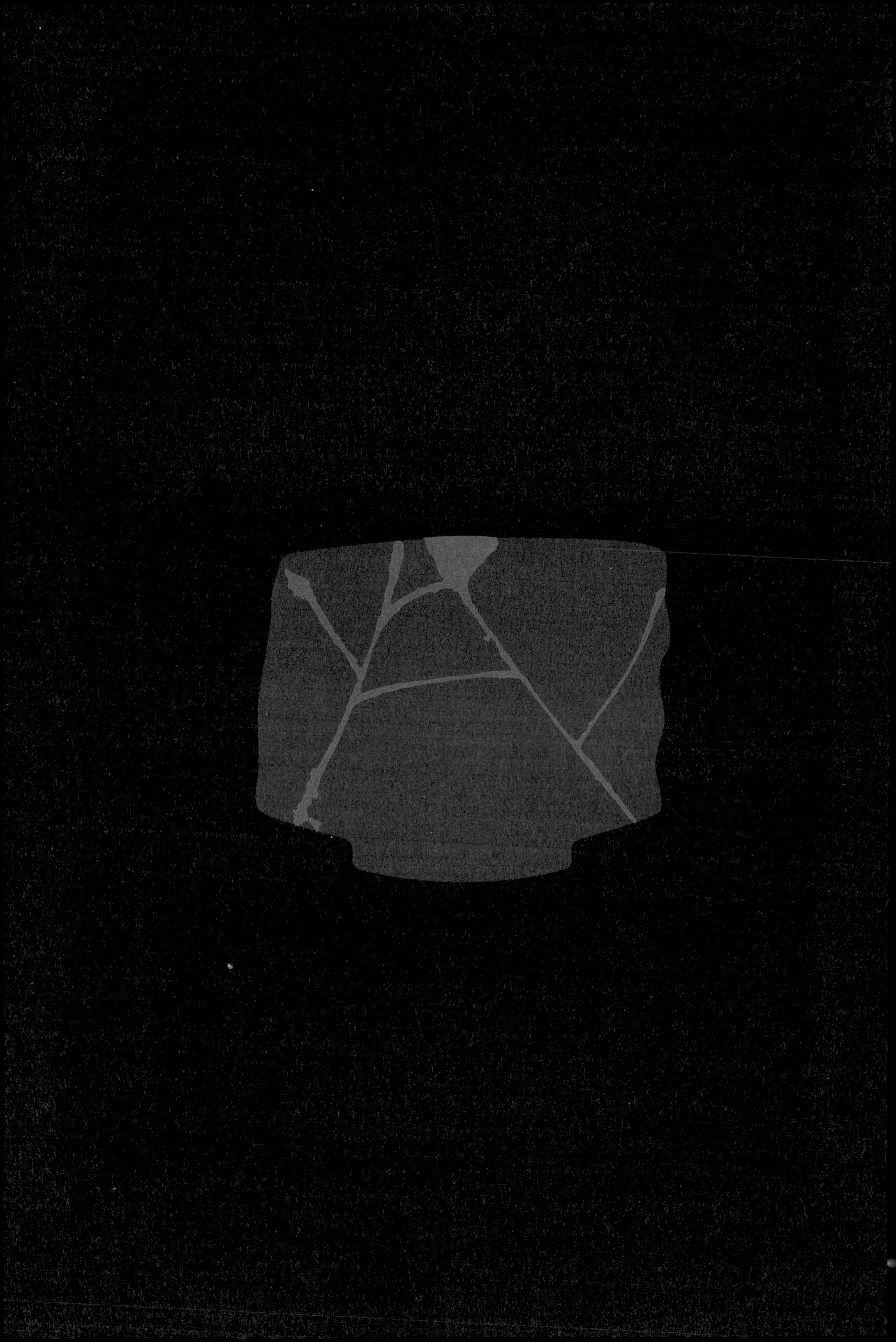

序

2013年的时候我在网上寻找宋代瓷器的资料,无意中发现美国大都会博物馆有一件南宋龙泉窑的花瓶是用金缮修复的,我一下子就被这种工艺吸引住了,它不是掩盖缺陷而是使其凸显出来,完全颠覆了我以往对修复的认知。我感觉这不仅仅是技术上的修复,其背后的美学思想更令人着迷,我很想学习金缮,但当时国内没有金缮教学的书籍,网上也几乎找不到相关资料,所以学习起来非常困难。当时要是有金缮的书籍那么我会少走许多弯路吧。

金缮是源自日本的修复工艺,从工艺上讲其实是用漆艺来修复瓷器等器物,中日两国一衣带水,文化上有很多相似的地方,历史上两国的联系交往非常密切。中国是漆艺的母国,漆艺在中国的历史非常悠久。唐宋时期,中国的漆艺对日本的影响很大,日本今天还在制作和使用的漆器甚至还能看到唐宋时期的影子。

漆艺的交流并不是单向的,早在明代宣德年间,中国就有漆工远赴日本学习漆艺,明代晚期在江南的文人圈子里也开始流行玩赏来自日本的"倭漆"器物,不过有趣的是当时来华的日本僧人从宁波上岸后,顺着运河北上,一路上会采购一些中国的器物,其中也有中国制作的漆器,这是因为当时中日两国在漆艺的制作上工艺表现的侧重不同,互有所长,相互欣赏。

金缮艺术是2013年前后在国内开始推广的,之后迅速成为大众喜爱的工艺。一门外国的传统工艺在中国迅速生根发芽,这是很有意思的现象。艺术是世界的,金缮背后的美学思想源自日本的"侘寂",而"侘寂"是唐宋时中国的禅宗思想传到日本以后和日本本土文化相融而产生的。面对残缺,不是抛弃而是从容温柔对待,以东方式的"顺应"来消解绝望,绝地重生,破镜重圆。今天的世界日新月异,一切都在快速地变革,人们的欲望被无限放大，挫折感也会因此加重。金缮艺术会给人一种"原来如此糟糕的事也会变好"的慰藉。现代的物质生活极为丰富，我们用的许多东西过几年就要弃旧换新，而金缮过的物件还能继续被使用，并且因为精心修缮过，使得物主和器物之间更多了一层密切的联系，这样的一种价值观是值得珍视的。

金缮从技术上来讲属于漆艺，最后的上金环节其实和日本漆艺中最具特色的"莳绘"有密切的关系。莳绘中大量使用黄金来作为装饰，工艺缜密繁复，材料也非常细致讲究，比如金粉就有好多种，色泽不一，从粗细上而言，金粉大致分金消粉和金丸粉两大类，消粉相对而言好操作，而丸粉的工序就复杂一些。在日本，金缮在历史上主要用来修复贵重的瓷器，比如来自中国的"唐物"以及日本本土制造的重要茶道用具，现代则更多地走入寻常百姓家，不仅仅是日常的生活器皿会送去金缮，也有许多金缮爱好者学习金缮以后自己动手修复。

小泽典代的这本书讲到器物和人的关系，器物并不是冷冰冰的，人们会因为各种各样的原因想要修缮自己的心爱之物，而金缮修复之后由于修复者对器物的态度不同、审美的角度不同，又会给予器物新的美感，修缮好的器物继续为生活服务，更添一份光彩。这本书的金缮技法部分讲述得非常细致，系统地介绍了日本传统金缮技法的学习步骤，也有运用新材料进行金缮修复的技法介绍，方便初学者的学习。

邓 彬
2018 年 5 月 18 日

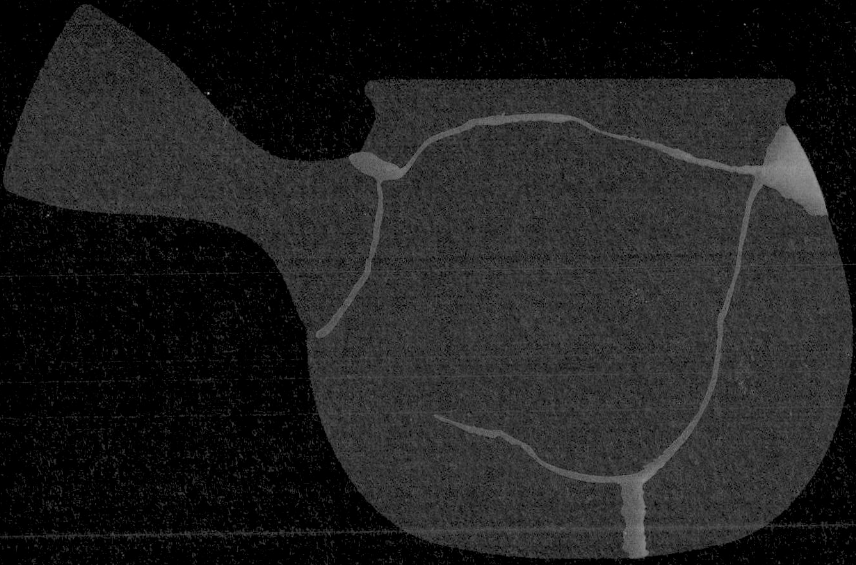

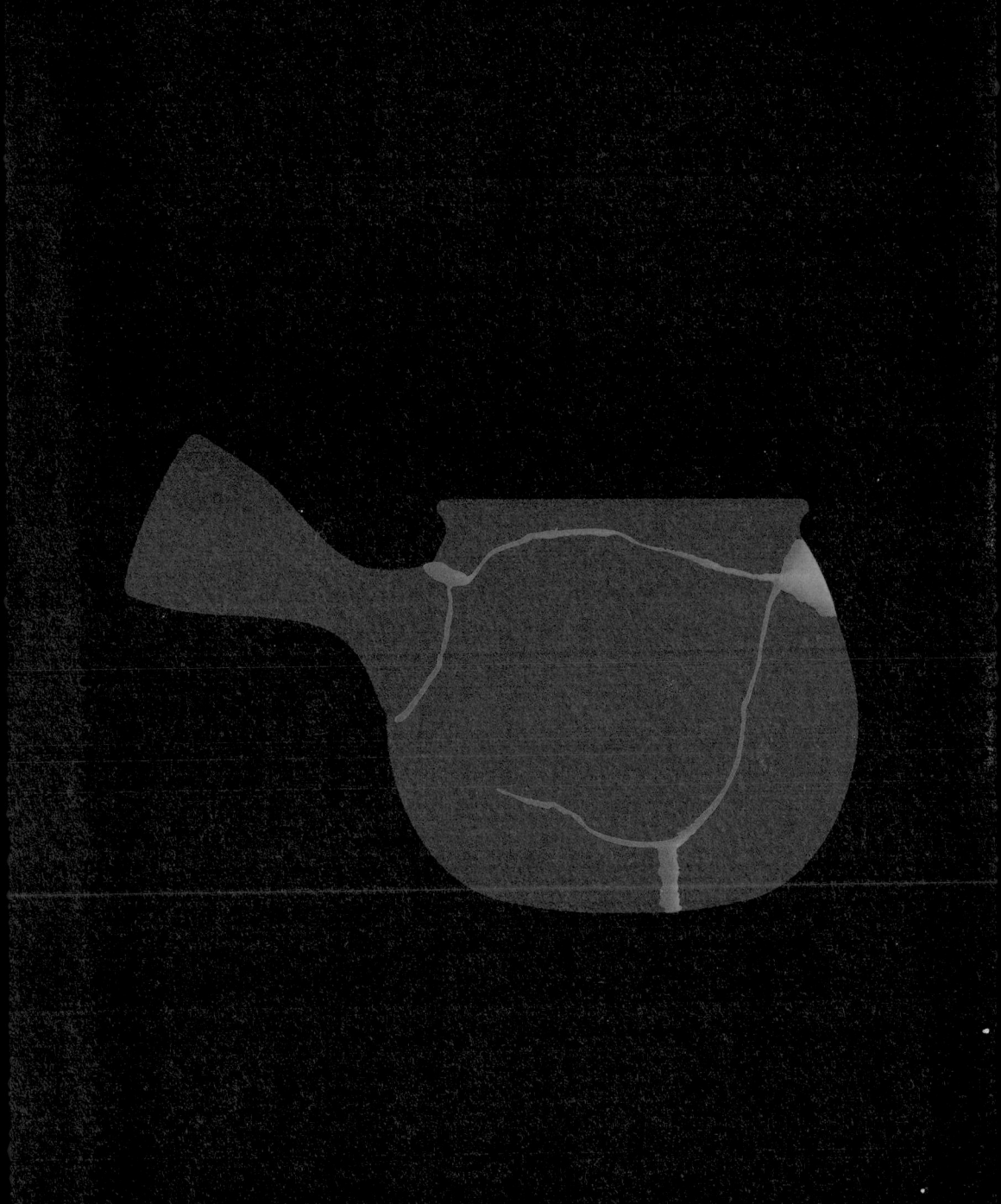

前言　　　小泽典代
　　　　　　　I

序　　　　　邓 彬
　　　　　　VII

第一章

有金缮相伴的朝朝暮暮
金継ぎのある暮らし　　01

祥见知生　　　　05

松本武明　　　　15

土器典美　　　　27

惠藤文　　　　　35

猿山修　　　　　45

铃木伸二　　　　55

关根由美子　　　65

井山三希子　　　75

田村香乃　　　　85

大内美生　　　　95

川崎启　　　　　105

市川洋介　　　　115

宇南山加子　　　123

中川千惠的金缮体验　　129

目录

第二章
金缮匠人 修修补补的日常
金継ぎ作家・繕う日々　　139

堀道广　　143

栃谷明日香　　155

小林刚人　　165

第三章
一起来学习金缮吧
金継ぎを学ぼう　　173

破损的种类及其名称　　176

金缮工艺的必要工具和材料　　178

陶器、瓷器、木制品的金缮方法指南　　182

关于漆艺和金缮　　196

你想知道的关于金缮的点滴　　198

你想知道的金缮术语　　201

附录：金缮店铺信息　　202

译后记　　生活是一件需要经营的事　　205

第一章

有金缮相伴的朝朝暮暮

通过采访13位喜爱金缮器物之人，
见识了金缮的魅力和应用的场景。

各式各样的器物，千姿百态的生活，
处处流露着惜物之心。

器を選び使うこと
そのすべては家が基本
ものを愛する心は
繕うことにも繋がっている

きょうけん

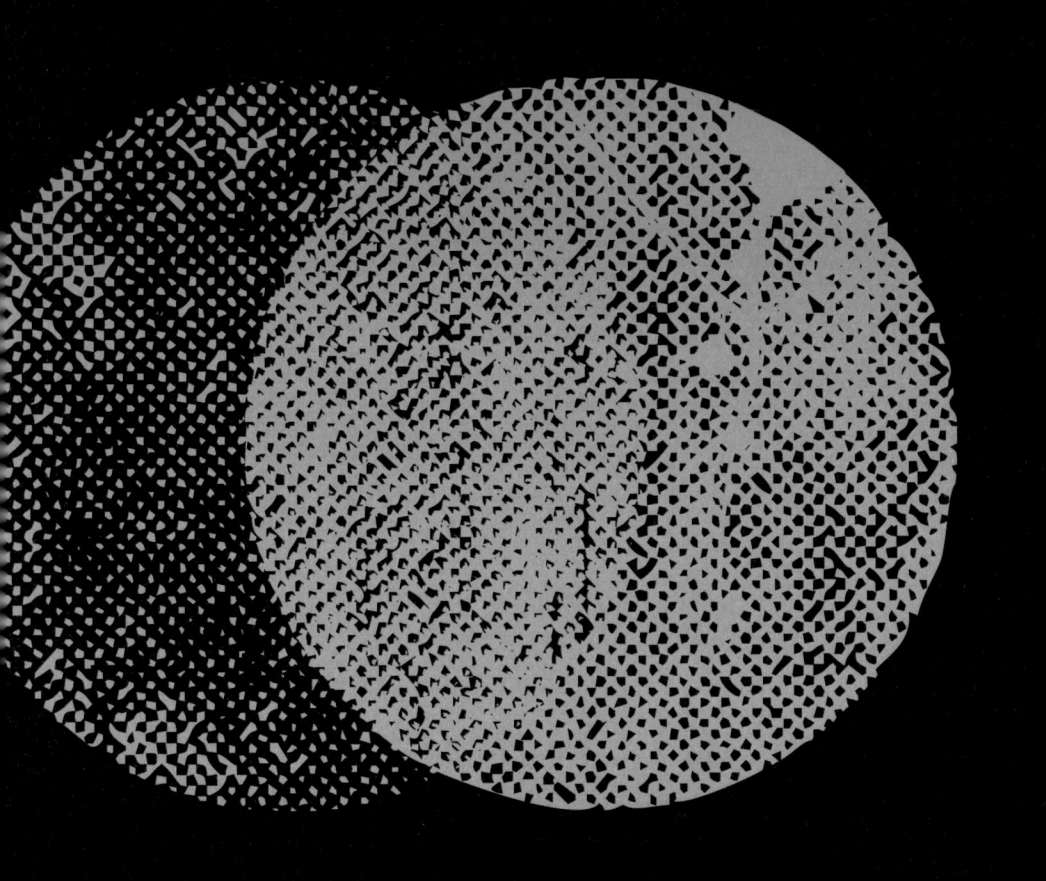

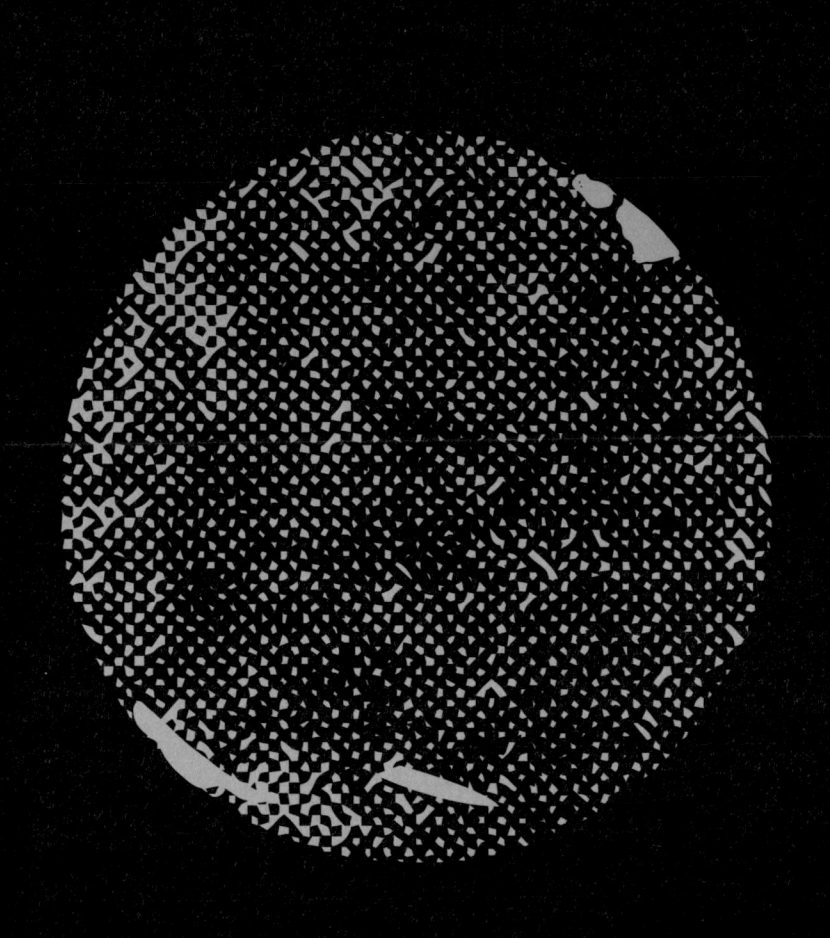

祥见女士拥有很多柴烧的陶器。柴烧独特的肌理很好地衬托了金缮的金色。此件为石田诚先生的作品。

对器物的选择和使用
即是家庭生活的根本
日常的修修补补
是源于爱物之心

祥见知生
しょうけん　ともお

"祥见器物"（うつわ祥見）的主理人。运营店铺的同时，祥见女士还会在各地的艺廊和生活品位概念店策划各种器物的展览，为器物和制作器物的人们在日本各地来回奔波。另外，她也是猫奴一枚。

上图是底部稍有磨损的南蛮柴烧碗。因为是爱用的器物，便想要更长久地使用下去，所以即使再细微的破损也会及时悉心修复。此件也是石田诚先生的作品。

下图中这个质朴的茶杯是石田诚先生的作品。虽然只是一丁点的缺损，修补后金缮的光彩似乎为器物赋予了生命力。

我最近会常常感叹，对于器物的喜好真的是因人而异，包罗万象。日本有不少陶器产地，陶艺匠人、艺术家大有人在，器物的种类也是多种多样。所以自然而然就有许多人将收集不同的陶器作为自己的兴趣。像这样的国家，除了日本之外，怕是也不多见了。泛言之，器物大致可以分为有设计感的观赏类和每天餐桌上使用的实用类两种吧。我个人偏爱后一类。这次的相遇也让我更坚定之后会一如既往地偏爱此类。

位于镰仓的"utsuwa-shoken onari NEAR"是祥见知生女士的店。祥见女士是一位主张用器物沟通心灵，并通过投身各种活动从多元角度介绍器物世界的老板。这么写可能会让大家对她留下一心工作、为人刻板的印象，但实际上，她是一位温婉娴静的女性。

店铺中器物的陈设，无不是经祥见女士精挑细选后的呈现。常设展尤其能体现这一点。虽然是从不同的匠人手中获得

吉田直嗣先生的白瓷饭碗让我们看到极简风格的器物也可以很合适金缮。

注重保留裂痕特征,使修缮的过程充满了乐趣。灰釉的研钵直接用漆修缮。这件器物是栃木县益子町的陶器艺人的作品。

左图中，小野哲平的饭碗施以银缮，给人别致的印象。如何挑选与器物肌理相契合的修缮方法会体现出修缮者的品位。祥见女士非常重视为器物找到合适的修补方法，有时还会跟修缮工匠协力合作。

右图是村田森先生涂染修缮的器物。

的器物，但无论是从器物的实用性，还是从器物形状或大小上考量，这些陈设都渗透出祥见女士的审美标准，也自然显露出规整的统一感。

虽然没有惊鸿一瞥般的视觉冲击力，但在使用过程中，却能渐渐发现其娓娓道来般具有亲和力的美感和质感。如此甄选器物的方式源于她每日的活动空间即是她的家。作为每天围绕餐桌忙碌的一名主妇、一位母亲，她在用自己的角度讲述着生活的故事。

"我很看重和家人一起吃饭的时间。在全国各地巡展的时候常常不能在家。也有人会担心我说'这么频繁地飞来飞去真的不要紧吗？'我的回应是，我有信心。因为对于我而言，家庭的重要性在平日的餐桌上已经很好地向家人传达了。"

祥见女士以前曾在自家起居室里举办过介绍器物的活动。她从小时候就立志从事跟器物有关的工作，现在也是遵循着自己的原则不断开展活动。

作为自由撰稿人的祥见女士，著有许多有关器物的书籍和作品集。这些书籍和文字也传达着祥见女士对器物深刻的思考。

这就是一位主妇，长年作为家中的贤内助，在兢兢业业地付出中建立的自信。女性在这方面的韧性并没有什么道理可循，但却常常能从日积月累的事情中逐一体现。

所谓民以食为天。不疏忽"食"，才能保持身心健康有活力。如此理所当然的事情，却常常被我们忽略。祥见女士便是遵循从家庭生活中得到的真知，并以此为准则来从事介绍器物的工作。

"家庭的存在是要赋予孩子希望。要教育孩子不说谎，相信善良，只靠说是不行的，

"那些不能靠语言传达的重要的事情，我想要通过像吃饭这样每日重复的小事来传达。而器物的选择也是其中的一部分延伸。"

同理，器物的修复也要认真对待，委托专门的漆器工匠，并和匠人一件件地斟酌适合每件器物的金缮样式。

"对于日常用的器物，我一直都是以经久耐用为最重要的前提来进行修缮的。有时感觉自己简直就像个救死扶伤的医生。"祥见女士笑着说道，"还有就是，实际操作修缮我也讲究一定要找专业的漆匠。金缮并不只是简单的修补，而是必须具备审美意识的工作。因此要交给专业的人来处理。"

采访的最后，祥见女士的话让我印象深刻。她说："真的是每天、每天，脑子里想的都是器物的事，乐此不疲。"说这话时，祥见女士的眼神里充满了真挚。

10

"utsuwa-shoken onari NEAR"位于镰仓市御成通商店街上。店内各个角落都摆放着散发着生活气息的器物。一年中也会有不少器物作者借用此地举办作品发布会。店内常设摄影作品展。
店铺详情可参见书后附录。

时隔20年又开始养猫的祥见女士把积攒已久的感情都倾注在了这只小猫身上。

健康的な美しさを
求める目が見つめるのは
足るを知ることを
心得る人のつくる器

やましろ
たけあき

虽说是无师自通、自成一格，但深谙美学的松本先生亲手用金缮修复的众多器物，无不让人感受到松本先生在其中倾注的爱意。

追求健全之美的眼睛
总能发现那些
由懂得知足常乐之人
所创造的器物

松本武明
まつもと　たけあき

"器物手记艺廊"（ギャラリーうつわノート）的店主。一边兼顾公司的业务，一边以器物鉴赏为兴趣走访各路手工艺匠人。他也尝试自己做陶，并将形形色色的器物作品整理记录在自己的博客上，其博客受到众多器物爱好者的喜爱。

几年前从一个爱好器物的熟人那里听说了一个他经常阅读的博客。鉴于那位友人本身就很有品位，我坚信他的推荐绝不会错，于是即刻就去查看了那个博客——"器物手记"。其中的文字简明翔实，手工艺人和器物相关的内容相辅相成，读起来沁人心脾。自此以后，我也养成了定期阅读这个博客的习惯。

大概一年半之前，得知博主在埼玉县川越市开店的消息后，我就一直盼望着能有机会见到博主本人。现在借着这本书的策划，可谓机会绝佳，于是我以采访为由，探访了位于川越市的店铺。店铺名为"器物手记艺廊"，选址在昭和（1926—1989）初期建成的洋房里，光是看到店铺的外貌已叫人雀跃不已。

上图是用金缮完美修复的圆盘。金缮之美使它成为一件将回忆留存的美物。

下图是用锔瓷技艺修复的欧洲瓷器。

右图是马克杯和罐子，就算不是日式的器物，施以金缮也毫不突兀。无论什么风格或式样，器物对人的重要性是一样的。

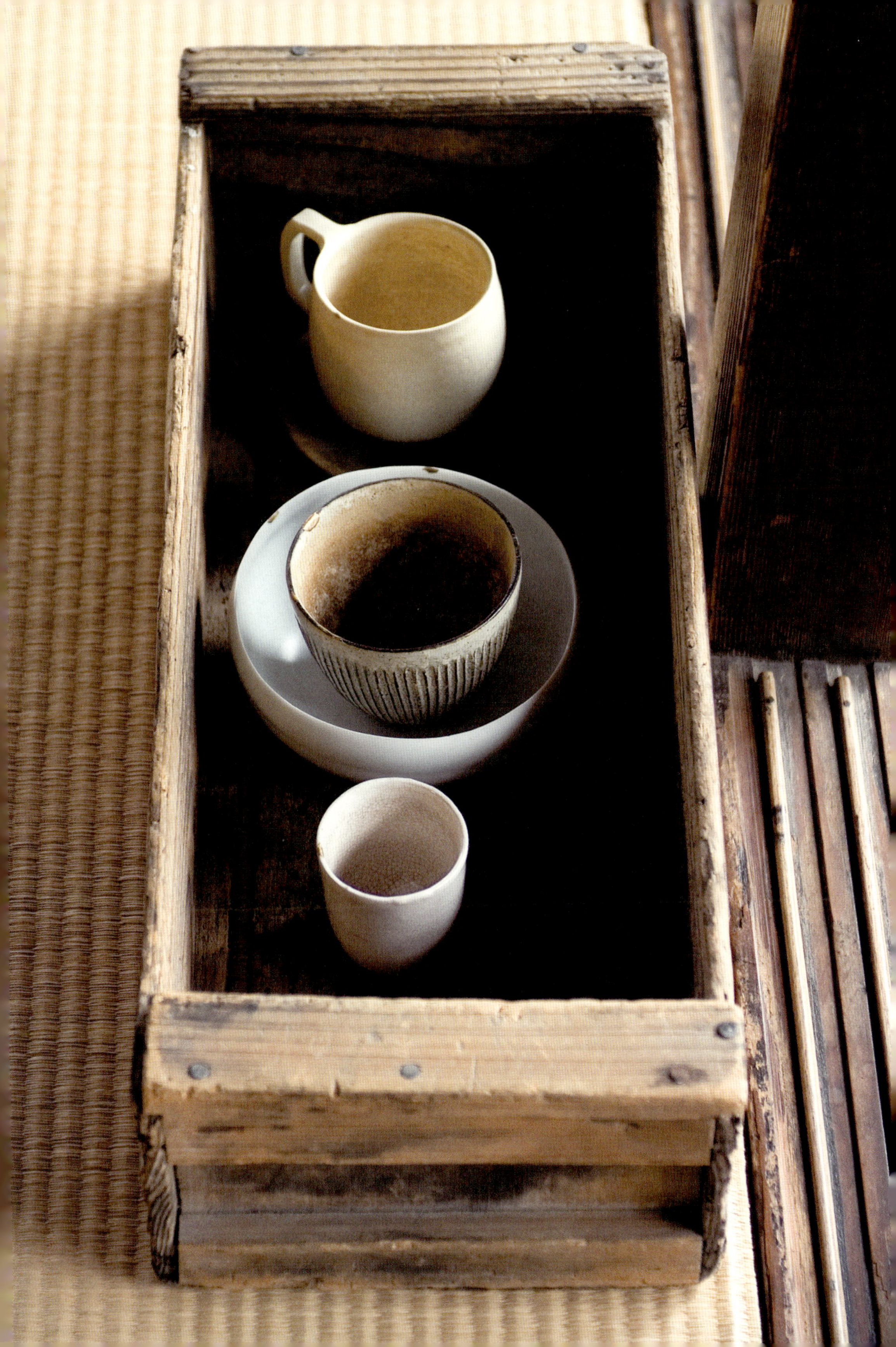

金缮是一种既还原了器物的原有形态，又能赋予其全新魅力的技艺。人们能从金缮作品中感受到丰富的表现力和幽默感。

因为松本先生十分重视器物的功能性，因此店内的器物以形状规整的居多。归根结底，器物还是日常生活中的道具，而金缮的运用，也遵循着这一本质。下图中是松本先生制作的陶器。

步入店内，我并没有太留意店主松本武明先生，而是开始寻找女士的身影，因为我一直都认定博客的作者是一位女性。然而，环顾四周都没有看到女性，无奈只能去和松本先生搭话。跟松本先生交代了采访的请求，也谈到了博客的事，才意识到是自己搞错了——松本武明先生正是博主本人。"很多人都会以为是女性作者写的。"松本先生笑道。

对于我的误会,松本先生并没有露出介怀的样子,只是默默沏上了茶。

我想无论是我还是别的人,之所以会误认为博客作者是女性,一定是出于同一个简单的缘由:博客文章的笔触细腻、饱含温度。这么说虽然可能会遭人诟病,但松本先生的文章中完全没有一般男性作者笔下常见的判断性的评价或是强势的意见。

收拾得井井有条的庭院和店铺里,每个角落都被细心布置,无处不让人体会到主人对器物的用心。在这里,松本先生极高的审美眼光也彰显无遗。即便如此,整体的环境全然不会让人感受到刻意的张扬,反而给人一种低调温和的印象,让身在其中的人感受到由器物本身传达出的魅力。

"对器物的喜爱,从某个侧面来看,可以说是一种对健全之美的感知吧。不是追求单纯的美,而是在平日使用的工具中发现美,进而爱上通过手作赋予器物美感这件事。"

于是乎,需要用到金缮的时候,松本先生也喜欢亲力亲为。

松本先生和众多手工艺匠人都有交流和往来。从他们手中挑选得来的作品,使用起来他都分外爱惜,修缮也格外细心。

20

这所昭和初期建成的房子当时被空置着，于是松本先生根据购入时对房子的整体印象重新进行了设计。门窗和照明都换了新的，重新粉刷了墙壁，还请专人设计了能体现四季更迭的庭院。

"我通过参考书籍等资料自学并实践了金缮。作为一门日本独特的修缮技艺，我能感受到金缮的深度远不止单纯地以修复为目的。我隐约觉得，金缮仿佛与传统日本妇女将旧布拼缝、再造成抹布的工艺也有异曲同工之妙。"

常年来，松本先生都对器物饶有兴趣，也对器物珍爱有加。松本先生的这家店可谓是千呼万唤始建成。自此以后，他不再仅凭兴趣，而是以专业的态度同手工匠人们沟通交流，其间他也体会到了经手的交易往来过程中需肩负的责任。从店铺里各个悉心布置的角落和松本先生待人接物的态度中，我都能感受到他决定以器物交易作为营生的决心。

SHOP DATA

器物手记艺廊

地址：日本埼玉县川越市小仙波町1-7-6
电话：049-298-8715
店休：不定休
网址：http://utsuwa-note.com

另外，松本先生也说到，已经有越来越多的人意识到"消费限度"。随之而来的，是人们又重新开始审视那些可以被修复使用的旧物。同时很多人也从这个过程中体会到了修旧如新带来的快乐。这将会影响到今后时代的人们对待生活的心态。

"往往，造物的手艺人多是知足常乐的人。与表面的风光相比，他们更懂得内心充实的喜悦。"

松本先生既和巧手工匠们有悉心的交流，又对器物如数家珍，他一定能强烈地感受到那些人内心的丰盈吧。对于自己动手造物的人来说，并不讨厌质朴的生活，却往往过得富足充实，这证明了这些人拥有创造力——凭着自己的双手，从无到有地孕育出一些新东西的能力。

"器物手记艺廊"中陈列了很多看上去能常年伴你左右的生活器物。而且我感觉那些都是即使破损了，你也会想修缮好继续使用的器物。

店铺的空间既是商品的卖场，也是松本先生表达自己想法的平台。无论是花艺摆设还是配饰家具都能衬托出器物之美。

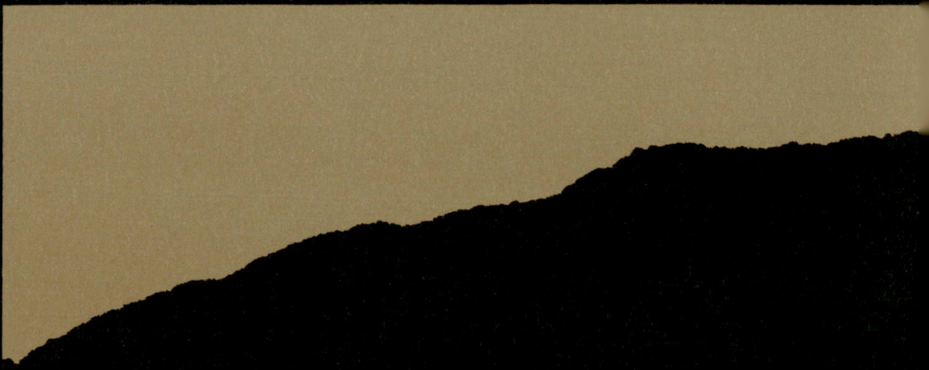

ものも、人も
偶然巡り会える幸せ
出会いを大切にする心が
育む美しい世界

　　　　ぐき　よしみ

安藤雅信先生的白色浅盘由土器女士亲自用金缮修补。金缮勾勒出的缺口和裂缝的状态，绝妙地给白色的器物增添了几分幽默感。

人也好、物也好
都缘起一些偶然的邂逅
珍重对待这段缘
衍生出美丽天地

土器典美
どき　よしみ

土器典美，"Dee's Hall"艺廊的主理人。20岁出头就开始经营古董店。土器女士的品位受到众多女性的推崇，撰写的散文也颇有人气，她还是大家心目中的料理达人。

来自越南安南烧的古董碗。缺损的部分
已经用金缮修补妥善。修缮的部分成了
一个亮点,为器物增添了魅力。

沙发上随意摆放的形形色色的靠垫和架子上点缀的各式摆件，无不显露出土器女士从容的生活姿态。

那都是差不多三十年前的事了。那时候的我憧憬着东京的街道，几乎每天都到处探店，对于当时不了解的事物，煞有介事地进行着"文化吸收"。那时候总觉得那些地方都充溢着什么闪闪发光的东西，就像是成真的梦境一般美好。现在想来，所谓"闪闪发光"的东西，实质上是那些时髦的、随性的、精致的大人们吧。

那个时代，在原宿也好、青山也好，各色精致的个性店铺比比皆是，都是由那些时髦的大人们经营的，彰显着他们个人的品位。对于我这个小女孩来说，它们就像是教科书般的存在，每每踏入这些店铺，我都会觉得心跳加快。

土器典美女士在青山幽静的街道中经营着一家叫作"Dee's"的古董店，那里俨然就是为了那些大人们开设的店铺。虽说如今从欧洲进口生活用品的店铺日益增多，但在从前，类似这样的店铺却屈指可数。在那个年代，设计精巧、能让人爱不释手的生活用品并不像现在这样随处可见、唾手可得。总而言之，当时在东京乃至整个日本，最初开始推崇高品味、赋有时代气息的生活用品和器具的，就数那些东京的时髦人士——土器女士所代表的那一代人。

听说如时代先锋般的土器女士也在学习金缮技艺，我便拜托她务必要让我们见识一下。

堀道广先生的金缮教室名叫"金缮部",课程研习完毕之后会给学员颁发结业证书。

"我自己修补的器物其实只有一件,因为我从来没有损坏过任何器物,当时这件白色的浅碟也不是自己弄坏的。只是因为很喜欢这件器物,所以一直想着要不要去修复它,刚好附近的咖啡店有开办教授金缮技艺的课程,于是就决定去参加,尝试后果然觉得非常有趣!"土器女士说道。不过在这之后也没有发生过器物破损的情况,于是也没有重施金缮的机会。

土器女士参加的金缮课程是由之后也会在本书中登场的堀道广先生指导教授的,顺利完成金缮课程学习的人还能得到一张迷你毕业证书。"就是这张了!我也拿到了哟!"土器女士说着,脸上洋溢着调皮又得意的笑容。

还有一件被施以金缮的器物是来自古越南的旧物。这一件是拜托了专业的金缮师傅修缮的,她至今仍十分喜欢用。无论是自己用金缮修复的白色浅碟,还是拜托专家修缮的器物,无不透露出宁静致远的气质。事实上,土器女士说自己不擅长面对那些会让人感觉紧张的器物。这一点从她日常生活的细节中也能感受到一些端倪——她住在光线充足、布置简朴的空间里,用心摆放的各种器物和生活用品慵懒地陈列着,给人一种从容舒适的感觉。房间里随手拿起任何一件都是美物,但放在一起并没有一丝堆叠的压迫感。原来如此,这感觉就像我当时憧憬的那些时髦的人一样,土器女士所创造的空间,有一种让人看不够的美感。

土器女士无论待人还是接物都给人一种愉悦洒脱的印象。在她经营的这家名为"Dee's Hall"的艺廊里聚集了不少艺术家和访客,店内的氛围也轻松随意,我想这也是因为有土器女士这样一位主人的关系吧。

"金缮可以说是一种偶得之美。因为我们无法事先预见破损的发生。"我想土器女士想告诉我们的是,要珍惜每一次偶然的际遇。

房间里放满了各种工艺品和小物，听说这里的每一件物品都是土器女士精心挑选的。然而并没有哪一件让人觉得孤傲高冷，反而散发着令人心生愉悦的气息。室内的设计也无不反映出土器女士特有的个性。

SHOP DATA — Dee's Hall

地址：日本东京都港区南青山 3-14-11
电话：03-5786-2688
店休：只在展览期间开放
网址：http://www.dees-hall.com

さとう あや

器という暮らしの道具
そこに自分の価値観を加え
長く使うための手助けもし
提案し続けることの喜び

出自安藤雅信先生之手的茶点碟有一种质感纤细的美。形态像经过精密计算般规整，却又好似浑然天成。

在用作日常工具的器物上
赋予自己的价值观
并想方设法使之常伴左右
实属一件乐事

惠藤文
えとう　あや

"夏椿"的店主。店铺主营器物及日常生活相关的各类杂货。店内商品的选择由实际需求出发，从店主工作接触到的器物和器物作者手中，结合自己的感性认知精挑细选。店内商品并不单纯追求极简，而是以选择"当下最想要的器物"而著称。

这只造型简约的碟子上渗透了细腻的裂纹釉,风格亦和亦洋。这是来自棚桥裕介先生的作品。

朋友妈妈送的礼物，正是这件器物使惠藤女士对日式器物产生了兴趣。

由于我从事造型师工作，为了拍摄的需要常常要问店铺借一些物件来做道具，这来来往往一眨眼就是25年。如果算上还在担当助理的那段时间，那年头就更长了。那个时期可以说恰逢日本杂货的兴起，期间也出现过各种潮流。印象中，东京的街头也借着那时的风潮改变了模样。随之而来的，是店铺激烈的新旧更迭，有的店铺华丽开张后不到一年就关了，总之什么样的情况都有。东京也许就是这样一个商业环境残酷的城市吧。

就像之前提到的，作为造型师要和各类店铺打交道，建立相互信任的关系。那时相熟的店铺里的店员或店主，到了这个年纪，都会把对方当作老战友一般对待。想到各自都在那段困难时期努力奋斗过，简直有冲动想要给对方一个深深的拥抱。

也许有一厢情愿之嫌,但在我眼里,惠藤文女士正是我的"战友"之一。惠藤女士当时在一家叫作"ZONA"的店里担任店员。这家店现在已经不复存在了,但在20年前,这家店曾经是引领"圣达菲风格"的先锋所在。那里汇集了众多有民族特色的器物,对于造型师来说是不可或缺的一家店。

惠藤女士的从业经验就是由那时开始的。那之后,她又在其他生活方式类的店铺里工作过,在担任过独立买手、店铺总监等职务后,终于在四年前开设了属于自己的店铺"夏椿"。

"接触过各式各样的器物之后,我在与日式作品的邂逅中对器物产生了兴趣,于是才开始认真和器物打起交道。我认为这和同匠人们的交流有很大的关系。因为,我是被人与人之间的关联所吸引才开始考虑开店的。"

"夏椿"开在东京世田谷区的住宅区里。两层楼的日式家庭建筑中的一楼作为店铺,店铺周围种植了各种花草灌木,令人心情愉悦。从庭院能瞥见店铺,让人感觉是一间隐于市的小店。惠藤女士介绍道,店里摆放的几乎都是自己生活中会想要用的器物。

从店铺中陈列的物品中可以看出,惠藤女士甄选的作品,兼顾了各位器物作者的个性和店铺自身特色。

造型简洁、形态优美的茶碗是井山三希子的作品。虽然曾有破损和裂缝,修补过后又重新受到重用。

38

右图是伊藤环先生所做的锖银彩浅盘。

左图中的柴烧急须壶是内田钢一先生的作品。惠藤女士挑选的器物，每一件的形态都透露着朴素和实用——不标新立异，使用方便，经看又经用。

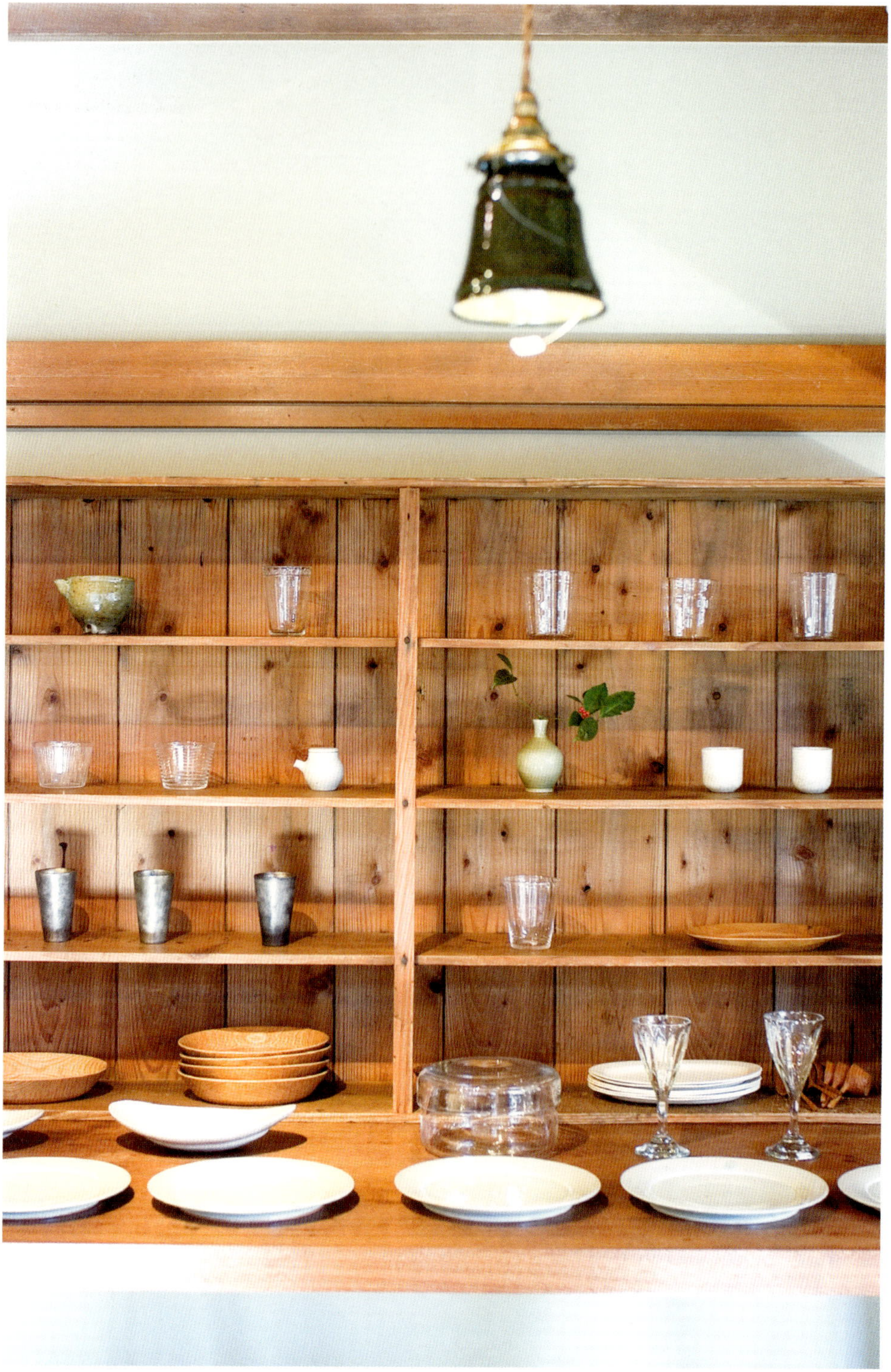

"夏椿"店铺里，除了器物之外，还汇集了适合日常生活的其他物品，包括惠藤女士心仪的天然染色衣物、编织篮等等。店铺详情可参见书后附录。

要在东京这样残酷的商业环境中生存下来，光是让人喜欢上这个店铺是远远不够的。对于私人店铺而言，既要因应时代和顾客的口味变化增添商品，更要做到对每一位客人都细致体贴。

在我看来，"夏椿"开始作为中介接受顾客的金缮委托，就是一种贴心之举。

"我自己手头如果有破损的器物，也会委托专业人士修缮。看到修缮一新的器物，我会觉得很欣喜，而且能感受到增添了和之前不同的魅力。我想让自己的顾客体会到同样的欣慰，于是开始担当中介的角色。"

欣赏过惠藤女士自己委托金缮的几件器物之后，我发现每一件都是用起来爱不释手，而且百看不厌，却又各自拥有独特个性的器物。能感受到，这些器物都经过了惠藤女士的精挑细选，也彰显了主人成熟专业的审美意识。从器物中也可以瞥见惠藤女士个人的生活方式，因为长期在最前沿接触器物的人的直觉和品位，其实都是在日常生活中不断磨砺出来的。

尽管东京有这么多店铺，我还是喜欢在"夏椿"享受购买器物的乐趣。现在如此，我想今后也依旧会如此。

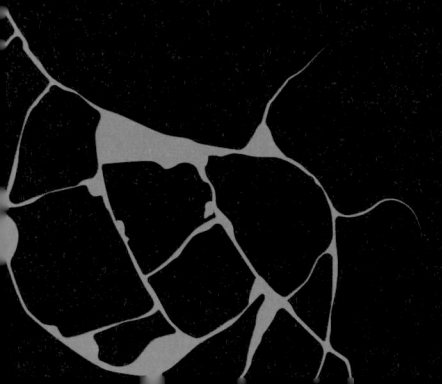

直すこと、繕うこと
金継ぎの美に宿るのは
人のさまざまな感情が
織りなす姿

みつやま　おさむ

"对于那些总觉得哪儿少了点什么的器物，也能用金缮来补足其缺陷吧。"猿山先生说道。

修理也好、补缺也罢
金缮的美
包含了人们各种感情
交织的姿态

猿山修
さるやま おさむ

作为"猿山"(さる山)的店主,用独到的审美眼光严选各类古董和器物。他在从事产品设计和平面设计工作的同时,还策划并参与音乐和舞蹈等相关的艺术活动,活跃于多个领域。

位于东京麻布十番的"猿山",对于喜欢古董和器物的人来说是一个特别的店铺。虽说在东京街头,这样既卖古董又卖器物的商店多似繁星,但如果不只是为了买东西,而是说到哪家店里能享受在那个空间里驻足的时间的话,还真是不多有这样的存在。而"猿山"则会让人觉得,就算不是为了买东西,也会想要去拜访一下,哪怕只是沉浸在猿山修先生打造出来的世界中一会儿也好。换言之,其实是猿山先生的个人魅力和不一般的审美眼光吸引了光顾的人们。猿山先生的心中,对完美的爱、残缺美的爱均衡共存,他不拘泥于片面地追求唯美,反而能给人轻盈自由的感觉。"猿山"的魅力或许正在于这种平衡感,不给造访者施加任何压力,给人提供了自由的空间。

用金缮修复过的食器也好花器也好,作为构成"猿山"的重要组成部分,一直以来都被悉心对待,它们的美态也被原原本本地介绍给大家。

用金缮修复过的食器也好花器也好,作为构成"猿山"的重要组成部分,一直以来都被悉心对待,它们的美态也被原原本本地介绍给大家。

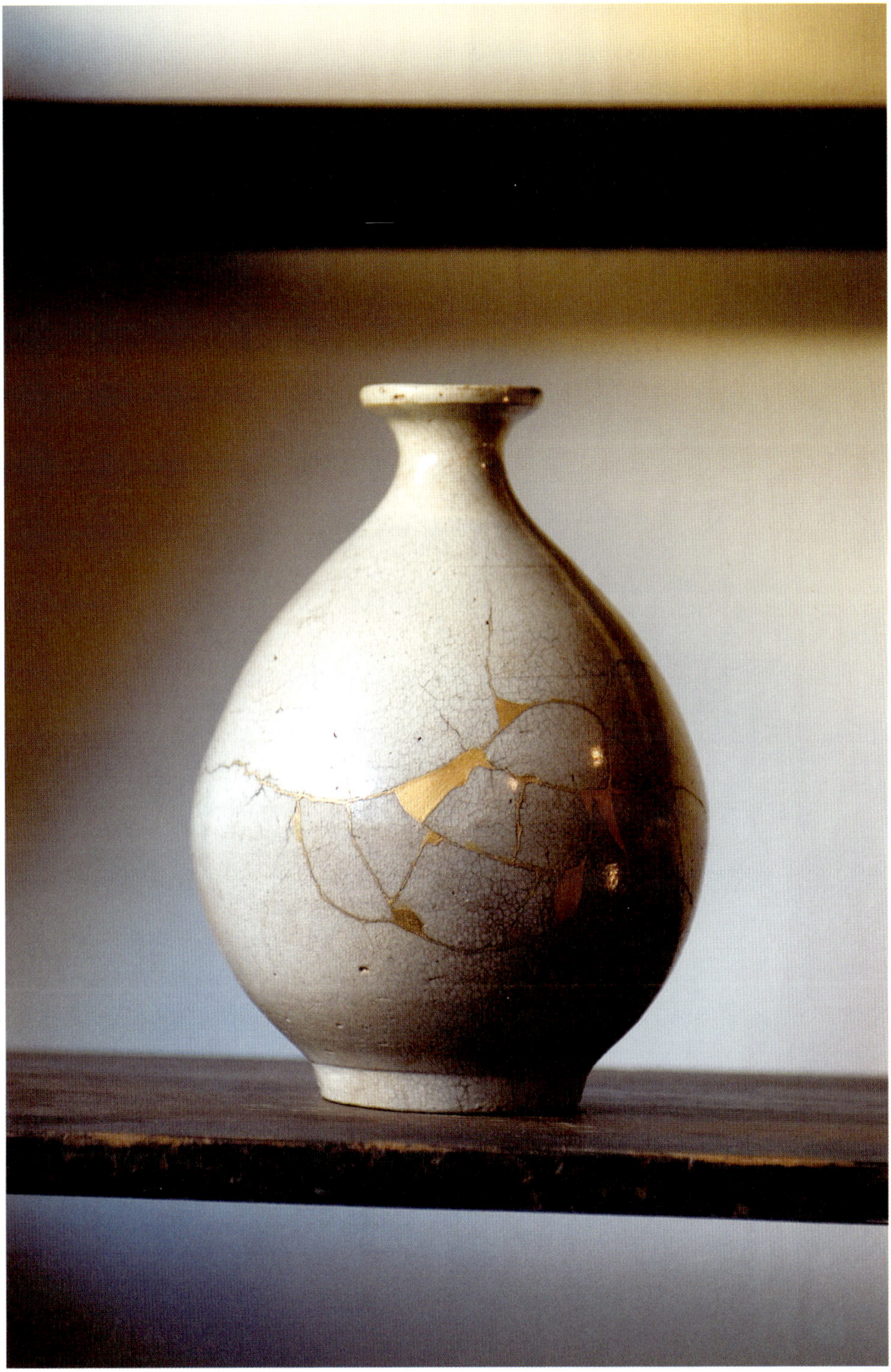

"猿山"常常会购入一些经金缮修复过的作品。这些美妙作品的诞生有赖于"偶然遭遇的破损"和"修缮者的高超审美",两者缺一不可。这种因缘际会中萌发的美丽让人怦然心动。

"店铺刚开张的时候,相较完好无损的'完品'而言,其实我会更积极地收集修缮过的器物。因为店里的商品主打上百年的古董器物或是生活中实用的器物,本来就很少有完美无缺的,大多都经过修修补补。再加上修缮过的旧物有一种私人定制的魅力,所以店里选货就一直都是以旧物为主。"

猿山先生说,通过修补、修缮来体现对器物的眷恋之情,不失为一桩美事。

"我认为金缮这种为了突显修缮痕迹而加以修饰的行为是日本特有的捕捉美的方式。器物的意外破损,大而言之也是经年累月中世事无常的一种体现。但如果不是器物的主人惋惜那一刻时间的流逝,或是对于不可逆转的破损感到无奈,对注定的结果心生敬畏,又或是因为不能再与器物如常相伴而感到悲伤……如果没有如此这般的情感纠结在一起,可能也就不会想到要去修缮这件器物。这么说来,汉字的这个'缮'字,或许刚好体现了百感交集、欲善其物的意思。"

48

即使是一只再普通不过的盘子，在它原有的美感之外，在修复的痕迹里又蕴藏了关爱。这是经过岁月洗礼的物件才能拥有的美。

"猿山"一直都坚持委托漆绘涂匠和裱褙匠等专业人士来操刀修缮工作。要为物件选择最适合其破损特征的修缮方法，有时不一定局限于用金，用银涂抹修饰的例子也很多，还有用黏合强度较高的合成树脂修复的。上图中展示了用各种手法修缮一新的旧时器物。

时光静静地流淌过"猿山"的店铺。旧时的古董和当代作家的作品，错落有致地陈列着，散发着和谐的美感。这其中也有猿山先生的作品。店铺详情可参见书后附录。

猿山先生还和我们分享了与金缮有关的一段饱含温情的回忆。

"女儿小的时候我为她准备了她专用的餐具。虽然不是为了孩子使用而专门定做的，但也深得女儿喜爱。一日，女儿不小心把餐具摔坏了，立刻号啕大哭起来，边哭还连连说着'对不起对不起'，应该是被吓到了，还伴随着失去心爱之物的悲伤，也可能她从小到大生活中一些瞬间的各种情感，都在那一瞬被击出了波澜。后来我用金缮帮她修补好了那件器物。她拿到手时，心中的喜悦溢于言表，她望着金缮修复后器物的美态感动不已，那之后也一直用得很小心。我觉得这个偶然的事件让她受益良多。"

和猿山先生的对话让我重新意识到：人和器物结缘的故事也许并不只是一加一等于二的关系，如果能通过器物，从琐碎的日常中探察到一些生活的真谛，便已经是幸福的所在了。"缮"这个汉字是绞丝旁加一个"善"。这也寓意着无论在什么时代，修缮都是一项善举。

在"猿山"店铺里，新生代作者的作品也好，经过修缮的古董旧物也好，各式各样富有个性的作品异彩纷呈、相映成趣。

好きなこと、好きなものに
夢中になれる喜びは
それを知る人同士の間を
繋いでくれる架け橋になる

すずき しゅん

在多治见市购入的初期产品系列之一。
以此物件的破损为契机，我与小林先生
结缘，由他为我做了修缮。

沉迷于心爱之物时的快乐
埋头在兴趣中时的喜悦
这些知者自知的"乐在其中"
是联系志同道合之人的桥梁

铃木伸二
すずき　しんじ

东南亚地区研究学者。因为有收集茶碗的兴趣进而开始尝试简易的金缮。最喜欢和友人举办"茶点流水席"或是各种不拘于形式的茶会。今后他还计划要开着轻型卡车去举办野外茶会。

铃木先生说，他很喜欢柴烧的器物。这个平盘也是他尤为中意的一件作品，缺损使之更具个性。

就我自身而言，对器物并没有特别严格的讲究，也没有特别喜欢收集某一位作者的作品。喜爱某样东西，却又不过于执着——这想必需要心中有一个明确的尺度来衡量。然而，就算心里明白不能身陷物质的泥潭，不然终有一天会被器物的世界吞噬，不可收拾。但事实上，像这样因为采访的关系接触到不同的器物，难免会心痒，心中不时会感叹"好美啊！""好想要啊！"回过神来才在心中慌忙喊停，这样的瞬间也是不少。或许这种容易让人迷失的力量正是日式器物的博大精深之处，这俨然是一个充满了魅惑的世界。

铃木伸二先生也是曾经着迷于器物之人。为了探究他魔法般的幸福世界，我去拜访了他的住处。一个单身汉的住处，却运用了分上下两层的摩登设计，好似豪宅一般。这是一栋约莫20世纪70年代建成的建筑，扶手和大门等处的细节还能看出当时流行的设计风格。铃木先生对茶道之美的迷恋从玄关进屋处就能略见端倪。

起居室里设有茶室，简洁明了的设计与周遭环境毫无违和感。以我多年的采访经验来看，这必是一个完美主义者无疑。

然而，见到铃木先生本人却并不会觉得他是个顽固的人，反而觉得他开朗又阳光。难道他不是靠着缜密的理性审美才规划出如此完美协调的茶室乃至整个空间的吗？

"因为我喜爱器物，尤其中意各式茶碗，所以也就有了一些收藏。为了妥善保管这些收藏，便建起了茶室。我也会在这里招待朋友。挑选合适的茶和器物来招待朋友是我最享受的事了。"

这样一来，各式各样的茶碗也就越买越多。铃木说着，脸上洋溢出爽朗的笑容。那表情，俨然就是幸福的写照！听着铃木热情洋溢的讲述，我仿佛也感同身受。

铃木先生从事东南亚地区的相关研究，同时也在大学任教。或许缘于他喜爱探究的天性，所以在兴趣中也充分发挥了这部分才能。对于器物的选购，铃木先生并不是单纯凭心情，中意的就照单全收，而是会去了解作者本人，甚至为此专程登门拜访。

因为他相信器物的美与它的出处有必然的联系，所以去了解创造器物的手，定能从中找到美的根源。在这一点上，我和铃木先生颇有共鸣。

父亲戒烟之后，铃木先生就从老家把这个烟灰缸拿到了自己家。用银修补了缺损的地方，感觉器物比之前更有魅力了。

支离破碎的粉引茶碗被铃木先生成功地修复回原形。在京都的古董店里一见倾心的"壶屋烧"茶碗也小心翼翼地用银缮修补了缺口。

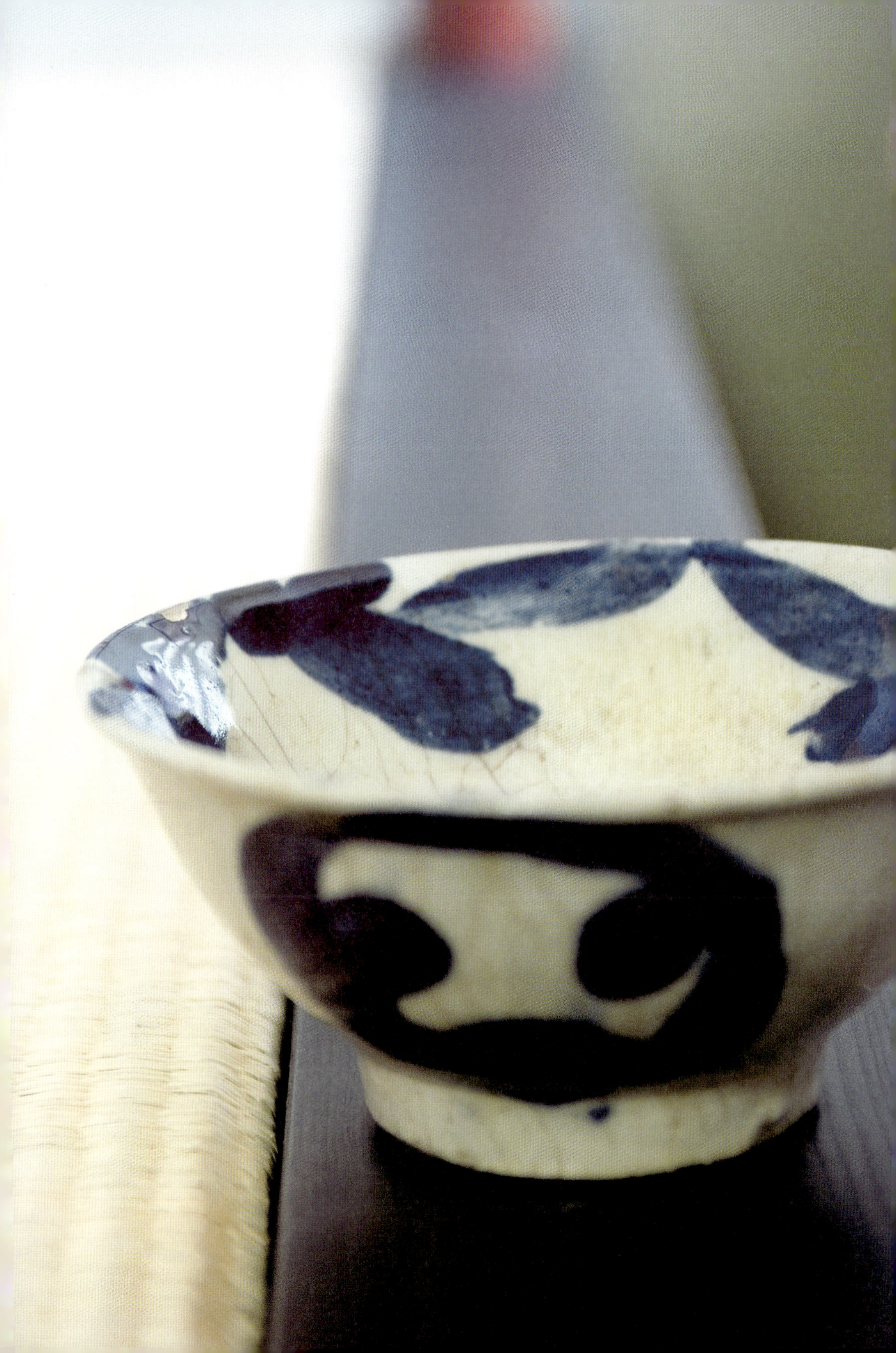

"然而也正是因为认识了器物的作者,所以即使有什么磕碰损坏也舍不得丢掉。于是就想到了去尝试金缮。"

铃木先生是从杂志里了解到从事简易金缮修复的小林刚人先生的情况。随后,他参加了小林先生举办的金缮工作坊,并因此成了朋友。

"他也是真心喜爱器物呢!虽然很年轻但非常努力,也给了我很多启发。我俩经常一聊起陶器的话题就停不下来。"

眼前浮现这个场景,我的嘴角不禁泛起笑意。以共同喜爱的东西为契机,能和不同年龄、不同性别、不同背景的人产生共鸣,真是人生一大乐事啊!

"说起来那时候我还被小林贤弟说教过一通呢。他说,'铃木兄啊,买东西前一定要三思哦!'其实呢,道理我都懂的。"

陶醉在兴趣中的人的自言自语,或许是教大家认识某种幸福生活最有说服力的方式。

茶室和起居室简约现代的室内设计和谐共存。室内绝没有多余的摆设这一点实在令人佩服。

二楼私人空间里的书架上摆满了书,有很多是漫画。铃木先生笑称,想把这里当作"漫画书吧"。

这是让铃木先生爱不释手的茶碗中的几件。铃木先生最喜欢在茶会中为客人们挑选合适的茶器。心爱的茶器按照产地分别呈现。

左下图中是丹波的陶艺工匠的作品,有一种粗犷的魅力。右下图分别是"信乐烧"茶碗、岛根的"伊罗保"茶碗和"乐烧"茶碗。

上方图中的茶碗全部出自伊贺,但因为出自不同的窑而风格各异。出产的陶器丰富多样是这个产地的特色。

好きなもの、必要なもの
吟味しながら整える暮らし
それは仕事も生き方も
気持ちよくするための秘訣

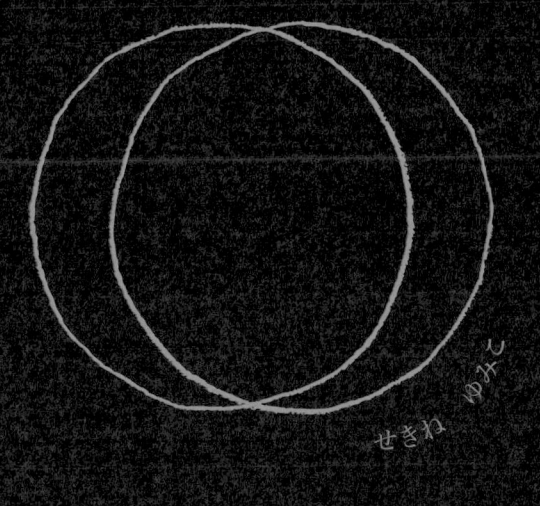

せきね　ゆみこ

这个茶杯是为了搭配急须壶从法国购入的。用如此自由的组合来饮茶也颇有趣味。

在日常生活中不断审视和反思
什么是喜欢的东西、什么是必要的东西
然后做出相应的调整
这是让工作和生活都保持
轻松舒畅的秘诀

关根由美子
せきね　ゆみこ

"fog"的主理人。"fog"的麻制品除了在下北沢的直营店有售之外,在遍布全国的杂货店和买手店都有出售。品牌擅长在质朴中增添可爱的亮点,可说是现今日本极具代表性、备受喜爱的麻制品品牌。

左上图是从一家心爱的东京器物店购入的小食碟。金缮的线条和器物的形态十分协调，这使小碟子变得更加可爱了。

左下图是旧金山陶艺家雪莉·奥尔森（Sherry Olsen）女士的作品。她的作品以绘画般的装饰为特色。

由关根由美子女士主理的"fog linen work"是我十分心仪的一家店。店铺里售卖各种立陶宛生产的天然麻质衣物和家用织物，每一款看上去都触感舒适、色彩柔和、设计质朴，细细观察又能发现其中难得的品位和精细的做工。都说从作品中能看出作者的影子。关根女士以一己之力建立起来的小公司，经过二十多年的悉心经营，终于发展成现在这样成熟的企业，但其中仍有一些东西不曾改变，这不禁让人惊叹。在这个不能只靠美感取胜的商业社会中，能最大限度地忠于自己对于美的直觉和偏好，简直就是一个奇迹。毋庸置疑，这全凭关根女士自身的努力。

在关根女士开办公司之前我们就是老相识了，在很多事情上我都曾承蒙她的关照，却从未发现她极具商业头脑且身上隐藏着如此强大的能量。想想当初的自己，还真是无知又眼拙啊。

被母亲摔坏的"皇家哥本哈根"瓷具。由父亲用金缮修复。关根女士倾心于修缮后器物的姿态而央求父母割爱，转赠予她。

左图照片中左前及后方的瓷器本属于关根女士的爱人，曾经摔坏了也没舍得扔掉。在和关根女士一起生活之后，它们幸运地得到了修缮。除此之外都是关根女士自己爱用的器物。

于是这一次借着采访的机会，我仔细地规划了行程，还特意在关根女士家借住一日，希望能在见识金缮的同时，也探究一下关根女士成功的秘诀。

"父亲退休之后拾起了金缮这个兴趣爱好，开始尝试修复一些摔坏了就一直被搁置的器物。父亲从三年前开始尝试金缮到现在，我的很多朋友都会拜托他修复一些器物，他也乐此不疲。"

关根女士和金缮的关系，似乎是某种意义上的孝道践行。在她极简风格的家里，被用金缮修复的各种器物点缀其间似乎散发着柔和的光。

实际上，相较于日式器物，关根女士拥有的西式食器更多一些。据她说，在同现在的伴侣一起生活之前，家里都不常做日式料理。

"因为自己就算一直不吃米饭或味噌汤之类的也没问题，所以餐具也都是西式的。但和另一半一起生活之后，因为要去适应对方的饮食习惯，家中的日式食器也逐渐增多了。"

在与周遭不同的时候，既能从容地保有自己的个性，又具备适应对方的韧性，这着实值得我们借鉴。

右图是手工玻璃匠人辻和美女士做的杯子。左边是用作花瓶的玻璃壶。因为对玻璃制品喜爱有加、舍不得丢弃，父亲幸哉先生就用金缮修复了。从修缮的作品中能感受到他对器物的爱意，还有器物重获新生时他心中的喜悦。

虽然很多用金缮修复的器物都是西式的作品，包括皇家哥本哈根的名瓷，或是旧金山陶艺家的作品，但金缮在其中加入了日式的风韵，使作品更为出挑。所以说金缮并没有和洋之分。如果能根据器物选对合适的修补方法，就不需要不断购入新的器物。想要过上轻巧的生活，就一定要学会这个本领。

"在某一时期觉得不再需要的器物，我会拿去二手市场出售，其中也不乏以前喜爱的作者的作品。总之，与当下喜好口味不相符的都会拿到二手市场处理掉。"

这样果断的决策力或许是作为一个优秀商人不可或缺的素质。不需要的东西不囤积，重要的东西给予悉心的修护，这其中也折射出关根女士接人待物的坦荡与直爽。

这么说来，我这次是不是窥探到了关根女士商业成功的秘诀呢？——她听了或许会笑话我这么妄下结论是太小看了从商这件事呢！

不过，看着她对父亲悉心修缮的器物特别爱护珍惜的样子，才意识到关根女士也还是一位普通的女性，这似乎让我感到一丝安慰。

关根女士经营的"fog linen work"里既有原创作品，也有她从美国热门设计师和生产商处采购的服装和饰品，它们都是充满日常感的商品。

家中的置物架上摆放着各种关根女士喜欢的物件。喜欢简约器物的关根女士，居家的风格也十分简单，不增加任何多余的东西。

左图是美国陶艺家朋友赠送的字母马克杯，它们排列出由美子（yumiko）的名字。
中图则是关根女士的爱人亲手绣制的刺绣手帕。
右图是日本生产的小鸟形态的玩具，在有人从它跟前经过时会发出可爱的啼声。

らやま みきこ

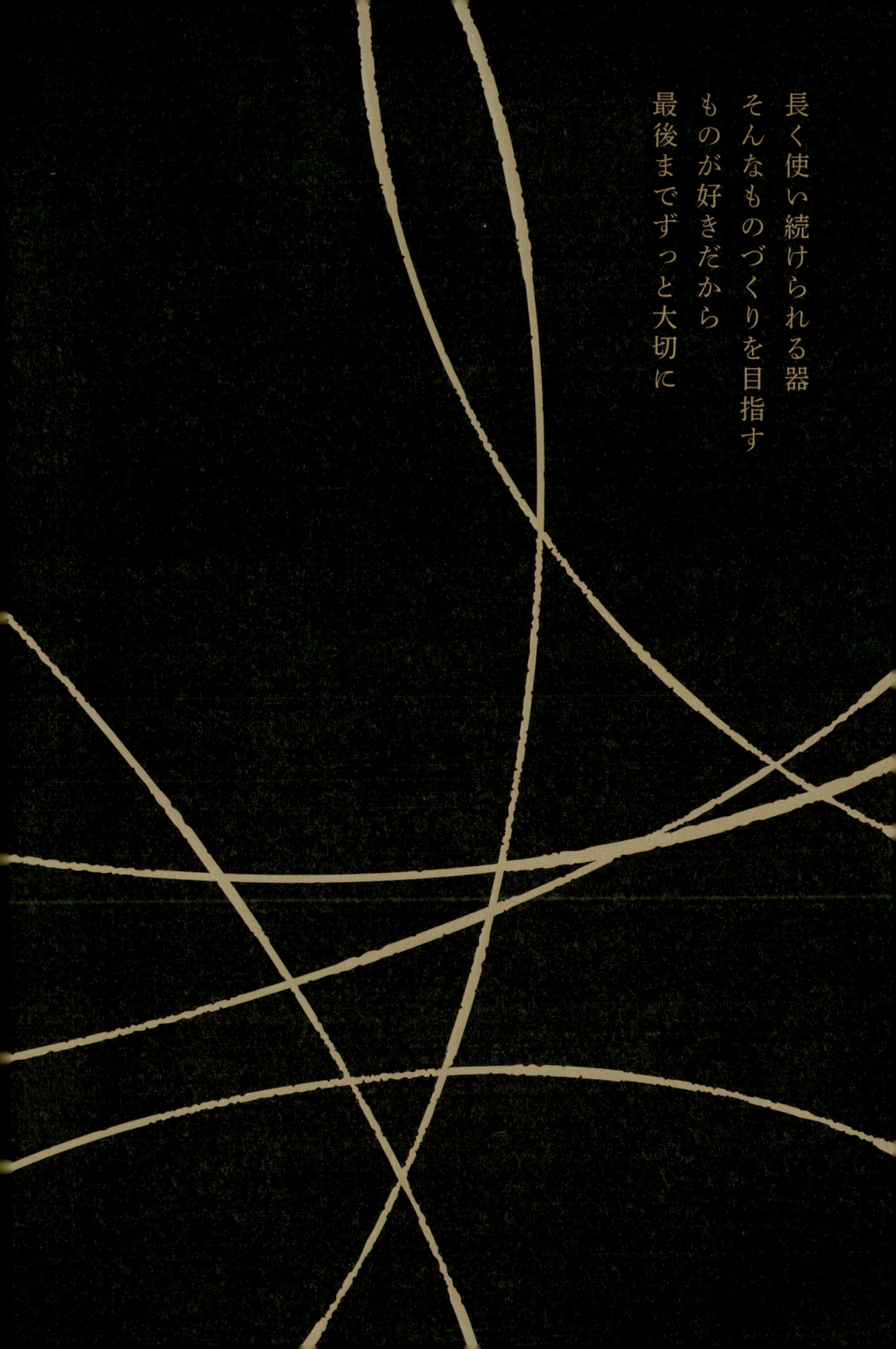

長く使い続けられる器
そんなものづくりを目指す
ものが好きだから
最後までずっと大切に

近前处是个烤盘,后边的是柿右卫门的作品。除了日式的器皿之外,西式的器物也被施以金缮,线条中透露着对器物深厚的感情。

想要做出让人长期爱用的器物
喜爱器物
就会由始至终都珍惜爱护

井山三希子
いやま みきこ

陶艺家。曾在运营艺术空间的企业供职多年，期间接触到各类相关人士而走上了陶艺之路。井山女士的作品造型现代、注重功能性、又有几分可爱，有不少忠实的追随者，所以作品也常年热销。

带盖的茶碗,是江户时期的作品。
质朴的它与井山女士的作品有着
共通的美。

右图是井山女士的作品。黑色的方碟用黑漆修缮。补痕上漆的光泽散发着摩登的美感,仿佛就是作品原有的设计。

左图是陶艺家内田钢一先生的作品,纤细的裂缝用金缮填补后也一直备受喜爱,乍一看也像是精心设计的纹理。

说起来也许是职业病吧,我就算没什么特定的目的也常常在街上闲逛,也不是像在做店铺调研那么深入地观察四周,只是遇到心仪的店铺就进去看看,有趣的东西就驻足多看几眼而已。有时回过神来却觉得自己又可悲又好笑,不禁独自嗤笑起来。

既是意识到了自己被器物束缚的不自由感,但又无法否定自己对器物无可救药的喜爱,这份感情完全是不由自主。我有时隐约思量,这种程度的喜爱已经算是一种"业力"了吧。

然而,人以群分,周围的熟人朋友也多是爱物之人,从那些人身上也能看到同样的特质。从事器物相关的工作之后,久而久之我才领悟了其中的道理。人们总是无法客观地分析自己,却常常通过观察他人来认识自己。想到这里,我便不由得会心一笑。这样的经历也同样告诉我,器物作者们多是本身十分热爱器物的人。正因为喜欢器物,所以希望用自己的双手创造出自己喜欢的器物,这是再自然不过的道理了。

到陶艺家井山三希子的工作室兼住所拜访的时候,就会有一种奇妙的遇到同类般的安心感。

见到井山女士的工作室时，厨房里堆成小山般的杯杯碟碟、起居室里随处摆放着的动物形状的陶器，还有不知从哪里拣来的形态可爱的石头和贝壳，林林总总的小物件都传递着井山女士对器物的爱意。

仔细观察这些小物就能理解为什么井山女士的作品深得多数女性的喜爱。简而言之，就是大家常说的"可爱"的感觉。然而可爱也许只是表面的现象，从可爱深究下去，由浅及深，我认为最根本的还是在于其深沉处埋藏的美。井山女士的作品很好地掌握了美的深度。最近一批受俄罗斯风格启发而烧制的作品也是充分发挥了井山女士对尺度绝妙的掌控。

"基本上，我的原则就是创作让人可以常年使用的器物。对器物的评判不能迷信作者的名气，而是要以器物本身的实用性以及与其他器物配合使用的协调性为基准。"

虽是寥寥数语，却能清晰地了解井山女士对器物制作的态度。而这个态度也能从她修缮过的物件中略见端倪。无论旧物古董，还是名家名作，井山女士收藏的器物都有她所说的"能永续使用"的特质。器物经过金或漆的本色修缮之后，被赋予了新的表情。伤痕也变成了一种个性。看到器物重回餐桌的样子，真是让人感到无比的欣慰。

左图近处是来自淡路岛"民平烧"的大碗，后方是吉田直嗣先生所做的小碗，简单至极的造型是追求永续设计的人的不二之选，因此也得到了井山女士的青睐。

右图中白瓷茶碗上的裂纹俨然艺术创作一般。

在井山女士生活中的各个角落都点缀着可爱的装饰品。这种气息并不显得孩子气，而是只有成年人才能构建的可爱。经过历练才有的品位体现在主人的家具摆设中，看着就让人心情愉悦。

厨房的隔板被大量的器物压得都有些变形了。一眼望去都是井山女士颇具代表性的柔和的颜色。

井山女士将家中一楼用作工作室。井山女士的器物作品多用翻模制成,颜色也多为简洁的黑白两色。虽然作为日常生活的道具,类似的器物批量生产的也日益增多,但手作总有它的乐趣所在。

井山女士不仅用金缮修复自己打破的器物,也会购入一些受损的器物进行修补。

"在不少情况下,破损会赋予器物新的个性,增加其魅力。所以如果能修复一件器物,并让它比之前更好看,就会觉得很欣慰。"

既然爱一件器物,就要爱到底。我之所以会不断制作同样的器物,是因为怀着对使用这样器物的人的责任感和诚意,同时也是对自己所爱的工作抱有从一而终的热忱。修缮这件事本身,不仅是出于对器物的爱,它同样是对器物使用者爱的表达。

出会いを通して知る
新しい素敵な世界
金継ぎという文化と
巡り会った必然

たむらかの

从二手店淘来的金缮修复过的茶盏开启了田村女士最初与金缮的缘分。

——
因偶遇而发现崭新而美好的世界
这是与金缮文化
命中注定的邂逅

田村香乃 *
たむら　かの

除了忙碌经营艺廊兼饮食店，平日还要兼顾母亲和主妇的身份料理家中的日常。无论是对待"联结人与物"这一毕生事业，还是作为一位母亲，田村女士都以从容率真的性格泰然处之。严选器物的眼光和嗅觉却要比常人敏感一倍。

* 原书中部分人名仅以日文假名体现，因无法考证是否存在对应汉字，为符合读者阅读习惯，在编辑过程中选取发音最贴切的汉字将其做汉化处理，敬请悉知。
——编者注

右图中是香乃女士爱用的马克杯,委托堀道广先生修缮一新。金缮也加深了主人对器物的爱意。

左图中是香乃女士自己尝试用金缮修复的器物,成品效果很令人满意。

认识香乃还是通过她母亲由美子的关系。由美子和香乃的妹妹彩矢一起在高松运营着的一家叫作"NISHI NISHI"的艺术商店,而我是那家店的头号拥护者。一栋古民宅改建的建筑物就这样悠然地伫立在那里,两位性格温和的女主人在店里迎接来往的客人,这地方简直像是心灵绿洲一般的存在。

大概四年前由美子跟我说,"大女儿在叶山开了家艺廊,有机会可以去看看。"于是我就去拜访了一下离我家很近的这间店铺。从叶山的"真名濑"海岸沿着小路往前走,登上一个陡坡后能见到一栋被树木包围着的风格简约的白色建筑物。在很小的铭牌上印着"ARAHABAKI"几个字。光是其整体温和平静的氛围,就很容易让人觉得这是个不错的地方。

虽然是初次见面,但我很快就从香乃身上发现了熟悉的个性,这无疑是来自血亲的遗传,我不禁要感叹基因的力量。

我问起店名的由来,香乃说是取自日本民间信仰的八百万神明中的一位的名字。因为对日本传统文化的热爱,和对生活中常伴左右的器物的喜爱,香乃和她的先生为店铺取了这个美丽的名字。

工作坊在自家的二楼举办。能望着窗外的树木,悠然地做手工真是让人羡慕。

为了与这个传统美丽的名字相呼应,店里常常会举办各种与日本文化相关的展览,让大家可以轻松地参与其中。另外,也会时不时举办一些相关的工作坊。香乃挑选的器物以及那些器物的作者都是出类拔萃的,香乃在这一领域的嗅觉和敏锐度,绝不逊色于她的母亲。

在开始筹备做这本与金缮相关的书时,我并没有尝试过这门手艺,对于相关的知识也只是略知一二。只是意识到心底里想要珍惜对待器物的初衷,且想以这份心意为主题来策划这本书。当开始要采访一些与金缮息息相关的人物时,脑海中第一个想到的就是香乃。

"我们这儿有做金缮教学的工作坊哦。教课的堀道广先生还是个漫画家呢,他的画很有意思,你要不要读读看?"

不愧是香乃,果然她在做着金缮的推广。我幸运地通过香乃认识了堀道广先生。于是决定尽早去参观他的金缮工作坊。工作坊的详情在堀道广先生的那篇专访中会有介绍。

话说回来,香乃是因为什么契机与金缮结缘的呢?我饶有兴致地向她打听起来。

"我曾在居所附近的古董店里看到一只用金缮修补的茶盏,当时就觉得,真是

店里的刺身专用刀的木柄裂了条口子。

初次尝试用漆来修补木质器物。首先要用报纸把锋利的刀口包起来确保安全。

为了方便上漆,要用锉刀先把开裂的表面打磨平整。

88

好美啊。后来,丈夫刚好认识了堀道广先生,似乎是缘分的牵引,就做起了金缮工作坊。再之后又开始做起了餐厅,器物的保养和修护也就变成了更为迫切和必要的事情。"

香乃和她的丈夫差不多两年前在横滨开起了一家名叫"charan paulin"的日式简餐咖啡店。在经营艺廊的时候接触到了不同的人和器物,在此延长线上开始筹办现在的这家店。现在店里也是选用两人一路走来"遇到"的器物,让这些器物接触到更多来到店里的人。店里频繁使用的器物难免磕磕碰碰,但既然都是有感情的器物,也就不会舍得轻易处理掉。

于是便与金缮结缘,可能就是香乃所说的"缘分的牵引"吧,即使兜兜转转也总会被缘分眷顾。

和不同的人相识可以学到新的知识,了解不一样的世界。对我来说,金缮正是这样一个美好的新世界。

将生漆、水和筛过的面粉在刮板上调制成"麦漆"。

用抹刀将麦漆填满裂缝,诀窍是要一点一点逐次涂抹。

待漆干了之后用纸或锉刀将表面打磨平整,修缮就完成了。

香乃和她的独生子善君。是日午餐意大利面。轻松惬意的室内设计中,四处摆放着善君平时做的手工作品,有恐龙、有昆虫。少年的艺术才能从中可见一斑,让人明确感受到了艺术世家的遗传。

住所的一楼是艺廊的展示空间。极简的空间里,白色的墙衬着白色的架子,更容易突出其间展示的作品。香乃至今为止搜集的各色匠人的作品都罗列在此,看上去十分和谐。

SHOP DATA

ARAHABAKI

地址:日本神奈川县三浦郡
　　　叶山町堀内 1508-3
电话:046-884-8945
店休:只在活动期间营业
网址:http://arahabaki.jp

在"ARAHABAKI"展出的都是夫妇两人由衷喜爱的物品。按照个人喜好来挑选作品,让人有一种真实感,仿佛就是夫妇二人在向你介绍他们熟悉的人和物。展览档期和相关信息请参考店铺主页网址。

おおうち　みや

自分の価値観で選んだ器
大切だから金継ぎをする
その輝きが食卓を豊かにし
暮らしが整う幸せ

"小鹿田烧"的片口研钵用黄铜修补。用比金子更亲民的铜来修补这件平时常用的器物,让人感觉恰到好处。

自己精心挑选的器物
珍惜有加故而施以金缮修补
金色的光辉点缀了餐桌
彰显着打理生活的幸福感

大内美生
おおうち　みお

平时将自己手作的蜡烛拿到一些活动上出售，也和一些年轻的手工艺作者一起策划展览，用行动积极地实现自己的想法。大内女士的金缮技艺也是在堀道广先生开办的"金缮部"工作坊里学到的。

在茶歇时大受欢迎的茶杯由铃木环先生所制，其后用银缮做了修复。柔和的白色基底和冷静的银色相映成趣。

拿二三十岁时候的自己和当下这个年纪的人相比，我常常会痛觉当时的自己不够成熟。虽然我也知道人和人有不一样的成长轨迹，没有谁生来就成熟，只是，在与生活方式相关的采访中，我察觉到现在的年轻人对生活的意识水平正不断提升。

我之所以会这么认为，是因为感受到当下有很多人对于生活都有很强的整体掌控能力，懂得如何掌握生活的重心，能做到量入而出，巧妙地安排生活。也就是说，懂得如何把钱花在刀刃上。回想我20岁的时候，日本正处在泡沫经济的时期，虽然刚刚踏入社会开始工作，却拿着高到现在回想都觉得不可思议的薪酬。年轻时的我并没有察觉当时的状态有任何异样，只是安于现状并甘之若饴。现如今仍有怀旧的泡沫时代风潮，但我觉得如果把那种异样的表象看作值得怀念的好景，那也未免太肤浅了。

东日本大地震时,只有这个碗破损了。缺口在边沿处不均等地排列着,经过金缮之后仿佛有了韵律感的样子。

这三件器物都是用黄铜修复的，都是日常爱用的物品。左图是炖锅，底部敲坏了，现在就当作大碗来使用；皇家哥本哈根的马克杯经金缮修补之后增添了个性；放牙签的小罐子是从古董店淘回来的旧物。

三十出头的大内美生女士，和丈夫两人共同生活。她的丈夫是一名普通的公司职员。美生女士喜欢手作，常常策划一些相关活动，也热心于将兴趣相投的同好们聚拢到一起。家中的间隔设计非常适合二人世界，从夫妇俩的笑容中能看出他们享受生活的样子。不奢侈，但富足。整洁的房间里摆放着夫妇两人喜欢的东西，有一种舒适合度的生活感。在这样的房子里做客，会感到无比安心惬意，有治愈感，甚至会让人联想到，这个国家一定能从大灾中缓过来。

不同家庭的生活水平自然有高有低，可能有人住在豪宅里吃着冷冻熟食过日子，也有人就算费时费力也要自己做饭、用心收拾居住空间。而追求后者的人越多，不也越能印证这个国家高水准的文化背景以及民众充盈的生活状态吗？我也认为金缮就很符合后一种生活的价值观，也像是立志要过上后一种生活的人们会做的事。

"我从很久以前开始，就很喜欢各种器物，对金缮也饶有兴趣。参加了堀道广先生的金缮工作坊之后，自己也能修复弄坏的器物了。"

大内女士一点一点收集起来的日常器物，总体风格来看是以温柔的质感为中心。瓷器本来就坚硬易碎，再加上每天使用就更难免损坏。

然而，有时也会因祸得福。破损的地方经过大内女士亲手修缮便有了别样的风味，修缮之后的器物和别的器物放在一起会让整个组合更有个性，更引人注目。平时，如果把风格相似的器物放在一起，不免因为相似而显得单调，让人只能对整体有一个模糊的印象。但如果当中加入了一件金缮的器物就能避免此类情况发生。

"用金缮修补器物，会让我对这件器物有更深的眷恋。对它的喜爱会较之前更强烈。不是因为品牌或价格，而是因为适合自己的日常生活而成了必不可少的重要部分。"

要做到不贪心、以自己的价值观为基准选择在生活中使用的器物，这件事看似没什么特别，但要脚踏实地一天一天实践起来却不是这么容易，而在当今信息爆炸的时代尤为艰难。要找准自己的重心，保持自己的原则，在平实的每一天中寻找快乐，只有不断重复这个过程才能变得游刃有余。看着大内女士从容的笑脸，我又对此有了新的认识。

上图中耳环被放在标本箱里展示。下图中的耳环是用金缮中使用到的刻苧（即生漆和木粉的混合物）做成的，表面涂抹了黄铜作为装饰。

左图是斯蒂·林德伯格（Stig Lindberg）的"Springare"，是在二手器物店淘到的。鼻子的地方缺损了，打算用金缮来修复。屋子的各个角落都用自己喜欢的物件悉心装饰着，传达出主人对生活的喜爱之情。

装饰搁架上放置着大内女士喜欢的各种小物。

餐厅空间的内饰呈现自然的风格。

かわさき けん

人から人へ受け継がれるもの
そこには思い出があるから
輝きを増して心に留まる
幸福なもののリレーを知る

这只"伊万里"的碟子从朋友那儿得来时已经碎了,于是便拜托了另一位朋友用金缮修补。感觉一只碟子也牵扯着人与人之间的缘分。

器物作为馈赠在人与人之间流转
其中寄托的情谊为器物增添光彩
仿佛是幸福的接力
长留在人们的心里

川崎启
かわさき　けい

"艺廊启"（ギャラリー啓）的店主，商店位于京都寺町街。川崎女士通晓各种古布和生活用具，致力于宣传旧时日本平民勤劳节俭的生活智慧。对布料、器物和传统礼仪文化都有很深的造诣。开店至今已有二十余年。

每当我造访京都的时候,第一站总会首选寺町街。那条街上心仪的咖啡店鳞次栉比,一整天也逛不够。街道的外貌很有京都的特色,却还不至于是观光客蜂拥而至之处。虽说整个京都各个街道都像宝库一般,但我还是特别钟爱寺町街。而这条街上最吸引我的就要属"艺廊启"了。

川崎启女士经营的艺廊店,选取的商品以日本普通老百姓常用的古布土布为主。有粗织土布的农耕衣物,也有线脚好像艺术品般的土布被面,本来是农家人日常生活中孕育而生的土布,经过启女士的精挑细选,在店里熠熠生辉地陈列着。

启女士在开店之前一直在从事原创手袋的制作工作,她采用土布点缀布质的包袋,甚是摩登。启女士就是从那个时候起,因为搜集手袋要用到的原材料而开始接触土布。

"当时虽然对土布的背景知识不甚了解,但就是觉得自己和那些土布意气相投。看似在当下生活中不受青睐的土布,拼接在皮质的包袋上却也别有风味——到头来还是物尽其用最重要!对我而言,像这种因地制宜使旧物重生的感觉是最美好的。"

启女士的一席话可谓是在任何时间和地方都很受用。对于金缮,启女士也有相似

江户时代濑户生产的荞麦猪口杯，原本是店里的商品，被客人买走后委托店里修补，最终还是拜托朋友进行了修缮。

"伊万里"的冷餐碟也是来自友人的馈赠。启女士身边的人大都熟悉她的喜好，这真可谓人生一大幸事。

在"艺廊启"有不少保存良好的老布土布和古旧衣物，都是被珍惜爱护的有故事的物品。

的感想："金缮也好，织补也罢，虽然没什么大道理，但一眼望去就觉得很美好。我觉得如果错过了这种美好一定非常可惜，好在我的友人正是从事金缮的。有这样的人存在也是非常重要的啊。"

因为选址的关系，光顾的外国客人也很多。启女士常常会从他们的想法中受到启发，也从他们的肯定中获得自信。

"我有一件拜托友人用金缮修复的伊万里烧的小酱油碟。有一位外国客人竟然刚好有5只一模一样的碟子，他无论如何也想让我将金缮修复过的这一只割爱予他。因为加上金缮的这一只就刚好凑成半打了。原来如此啊，对数字凑整的讲究还真是每个国家都不同，但他们却和我们一样接受金缮之后重生的器物。这种自由随性的相遇真是好神奇啊。"

这一次拍摄中见到的金缮器物，大多都是从朋友那儿收到的馈赠，包含了启女士和她的挚友们的故事。这些友谊无可取代，即使多年不见，也在启女士的心中历久弥新。那些器物的存在就是最好的证明。

"器物从来到我身边的那一刻开始，就和记忆共同存在。我喜欢器物正是因为它们拥有美好的回忆。之所以会拜托朋友用金缮修复破损的器物、也会被织补过的布料所吸引，都是因为重视这其中包含的回忆的关系吧。"

仔细想想，器物常常比人更长寿。从被制作成型的那刻起，就在不同人的手中流转，如果在各种人的生活中浮沉过的器物能像接力一样世代流传下去，那将是一件非常美好又了不起的事。而金缮，为传承担当了重任。

店内的各个角落都用心布置过,让人从贴近生活的角度,感受到每一件单品所传达的——古布作为日本传统文化的魅力。店里的氛围也像启女士的性格一样平易近人。

SHOP DATA　艺廊启

地址：日本京都府京都市中京区寺町街
　　　夷川北久远院前町 671-1
电话：075-212-7114
店休：不定休
网址：http://gallerykei.jp/

日々の鍛錬があるから
自分の五感を信じられる
微妙なバランスを取りながら
味も美しさも創作する

いちかや　ようすけ

三浦产的白萝卜盛放在颜色相近的白色碗里，金缮的线条和切成细丝的柚子十分协调美观。

日积月累地锻炼
才能对自己的感官有信心
从微妙处找到平衡
才能创造出美味的食物

市川洋介
いちかわ　ようすけ

位于镰仓小町街上的"鸣门屋＋典座"（なると屋＋典座）的店主。他选用镰仓本地蔬菜，创作出简单却营养美味的料理，得到了众多食客的支持，每天店门口都大排长龙。他也常常在日本全国各类咖啡、杂货店开展工作坊。有关详情可参见店铺官网。

我住的地方离观光胜地镰仓很近。经常出入的车站是镰仓站，也常常会在那里采购生活必需品。但如果要和朋友碰头聚餐就十分苦恼，因为周围都是热闹的观光客，只能在人潮中寻找立足之处。每当此时我就会想，虽然店铺数量繁多，但其中能提供大家都觉得好吃的食物的店还是不够啊。当然我的认知范围也有限。与原本就奢华的"公家文化"不同，这个区域传承的"武家文化"的根本，或许在于如何善用最朴实的材料。

我并不是什么美食家，也不经常下馆子，所以平时倒不会为找不到好吃的餐馆而发愁，但如果偶尔有地方上的朋友到访，想要带他们出去吃个饭，却没有合适的备选，心中就会觉得过意不去了。再说，本地也并没有什么出名的乡土料理，也没有出产什么有名的食材。

尽管如此，如果势必要带朋友去家像样的馆子的时候，市川洋介先生主理的"鸣门屋+典座"是我最终的王牌。从本地采摘的新鲜蔬菜被称为"镰仓野菜"，可谓是美味蔬菜的代名词。市川先生的这家店就只以镰仓野菜为原料制作美食。

片口钵的碗嘴部分用金缮补过。这一道炒腌白菜和小松菜（即冬菜），虽然做法简单但十分可口。

对于寺庙众多的镰仓来说，可能没有比素食更能代表地区特色的料理了。从这个意义上来说，品尝市川先生的料理或许是了解本地风情的最佳选择。色香味俱全的蔬菜本就备受女性的青睐，更何况店内的氛围舒适惬意，价格也十分亲民，最重要的是菜单上任何一道都是让人惊艳的美味。

市川先生所做的并非传统意义上的素食，他的料理并非用素食模仿鱼肉味道的假荤菜式，而是根据当时采购的时令蔬菜，稍做加工，做到凸显食材本身美味的简单料理。手法虽然简单，但从食物中可以感受到市川先生在精神上对料理的高深立意。尤其在每月应季的菜单中能品尝出经年累月磨砺得来的味道。

"只用蔬菜作为食材的话就必须讲究搭配。我认为讲究口味浓淡的细微差别是非常重要的。我的料理和那些昂贵的大餐有所不同，但也和付钱便能吃到的家常菜不太一样。虽然我也选用家中常用的食材，但我会不断挖掘食材不同的味道，找到不同味道的平衡。要做到这些只能相信自己的感官了。"

市川先生虽然还很年轻，但从他每天兢兢业业对待工作的态度中，你会理解为什么他能拥有别人没有的直觉来判断食物最佳的平衡。市川先生还说，在为店里使用的器物选择合适的金缮这件事上，直觉也是十分重要的。

用生漆混合黄铜直接施以金缮的方法是市川先生大胆的尝试。这个做法看来并不怎么困难。

"基本上所有的相关资料都是在网上找的,然后就按照自己的理解来实施。用生漆直接混合黄铜来进行修补的方法虽然跟正规的方法相去甚远,但我本身还挺喜欢这个方法的。感觉金属有了流动性,这真的很不错。"市川先生如是说。

虽然基本的知识是必要的,但也不一定要完全被理论束缚。市川先生的料理也是这样。创作本来就是自由的东西——看着面前这些随性的金缮作品,我突然有了新的感悟。

店内的家具也好、工具也好都只选喜欢的,当然都是主人亲自选购,尺寸和质感也都由自己把关。热门作者的作品一定会关注,"基本上我是一个紧跟潮流的人。而且多数人觉得好的东西,一定是有它的特别之处吧。"

SHOP DATA

鸣门屋+典座

地址：日本神奈川县镰仓市小町 1-6-12
　　　寿大厦二楼
电话：0467-23-7666
店休：每周二及每月第二、第四个周三休息
网址：http://narutoya-tenzo.com/

親から子へ受け継がれる
ものを大切にする心
人をもてなす器にも
そのやさしさが表れる

うなやま

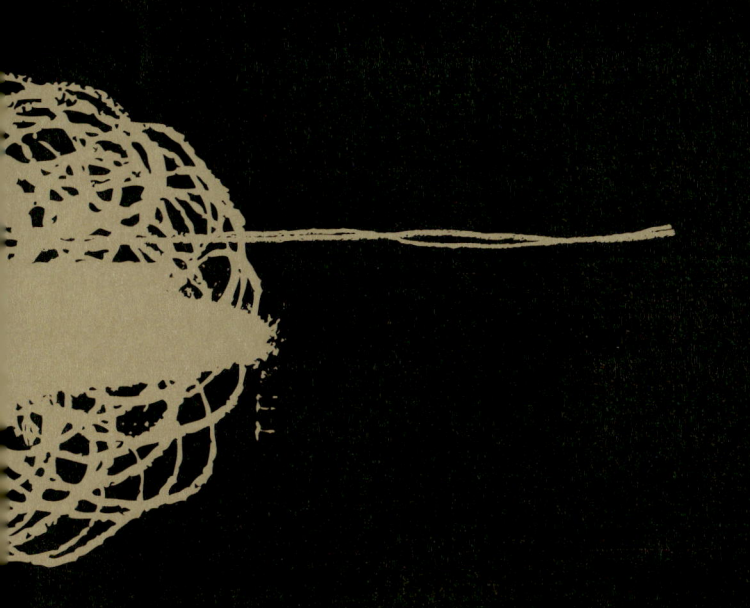

高足杯与金缮纹路相得益彰。金缮的光辉和黑豆的颜色形成了鲜明的对比,十分华丽。

惜物爱物之心
也是代代相传之道
拿来招待客人的器物中
也体现着待人接物的温柔

宇南山加子
うなやま　ますこ

从女子美术大学毕业之后踏上了手作的道路。配合台东区城市活化建设的"台东设计师村"落成之后，她的店铺"SyuRo"就正式启动了。现在产品作为日本杂货的代表在日本全国各类店铺中均有销售。

宇南山加子女士是在东京的老城区里出生和长大的。父亲是手工装饰品工匠，宇南山女士从小就在手作的环境中成长，在街道工厂的车间里、在父亲和其他手工匠人的身旁嬉戏玩耍，工匠们的身影深深地印在了小宇南山的心里。自然而然的，她也一步一步走上了手工匠人这条路。

我和宇南山女士初次见面的时候，她的店"SyuRo"才刚开不久。这家店专售宇南山女士设计并在老城区里手工制作的日用杂货，店内的商品都非常时髦好看，但又不会让人觉得高冷而遥不可及。看到这些商品错落摆放在店铺里，霎时令我对"SyuRo"这家店和宇南山女士本人一见钟情。

然而，宇南山女士让人倾心的理由不只是手作的魅力，更在于老城区特有的气质，这些都在日常生活的点滴中展现着骨子里纯良的个性。

宇南山女士在处理事情时的游刃有余、察言观色时的细致入微，还有谈吐中的风趣幽默，各种接人待物中体现的特质，绝不是短时间内能形成的，一定是从小耳濡目染，在各种人际关系中逐渐磨砺得来的。当我想到即使是现在，东京的老城区仍存在着这样温情的环境，能培养出像宇南山女士一样品格纯良的人，就感到无比的欣慰。

每次造访"SyuRo"，店家都会以茶相待。这并不是为我准备的特殊待遇，而是所有到访者都能得到的礼遇。

拍摄期间刚好是年末，所以宇南山女士特地为我们精心准备了年节料理。这样的周正正是宇南山女士的风格。

124

这些小茶盏平时是用来给到店的客人奉茶的。这次拍摄虽然被用来盛装年节料理，但它们用来装茶水和糕点的组合也一定十分合称。设计简洁的器物，配上金缮，有彰显个性的效果。

"因为店离车站有点远，承蒙大家不弃，愿移玉步莅临，小店也希望能让大家惬意地享受一下在店里的时光。"

宇南山女士对人总是抱着一颗感恩的心，店员们自然也受到了感染，大家都习惯了为每一位光顾的客人泡茶。不少第一次来到的客人都会感到讶异。偌大的东京，会为每一位客人端茶递水的杂货铺恐怕除了"SyuRo"之外没有第二家了。

用来喝茶的杯子和盛点心的小碟子也都很美。随意地放在餐垫上就显得十分可爱，光是看着这绝妙的组合就觉得心情舒畅。每次到访都会有不同的器物组合登场也是令人十分佩服的一件事。

"我从小就被教育说用破的碗碟招待客人是很失礼的事，所以就会多准备一些器物，器物的数量也就在不知不觉中越来越多了。但每天频繁地使用，无论如何也难免会损坏。"

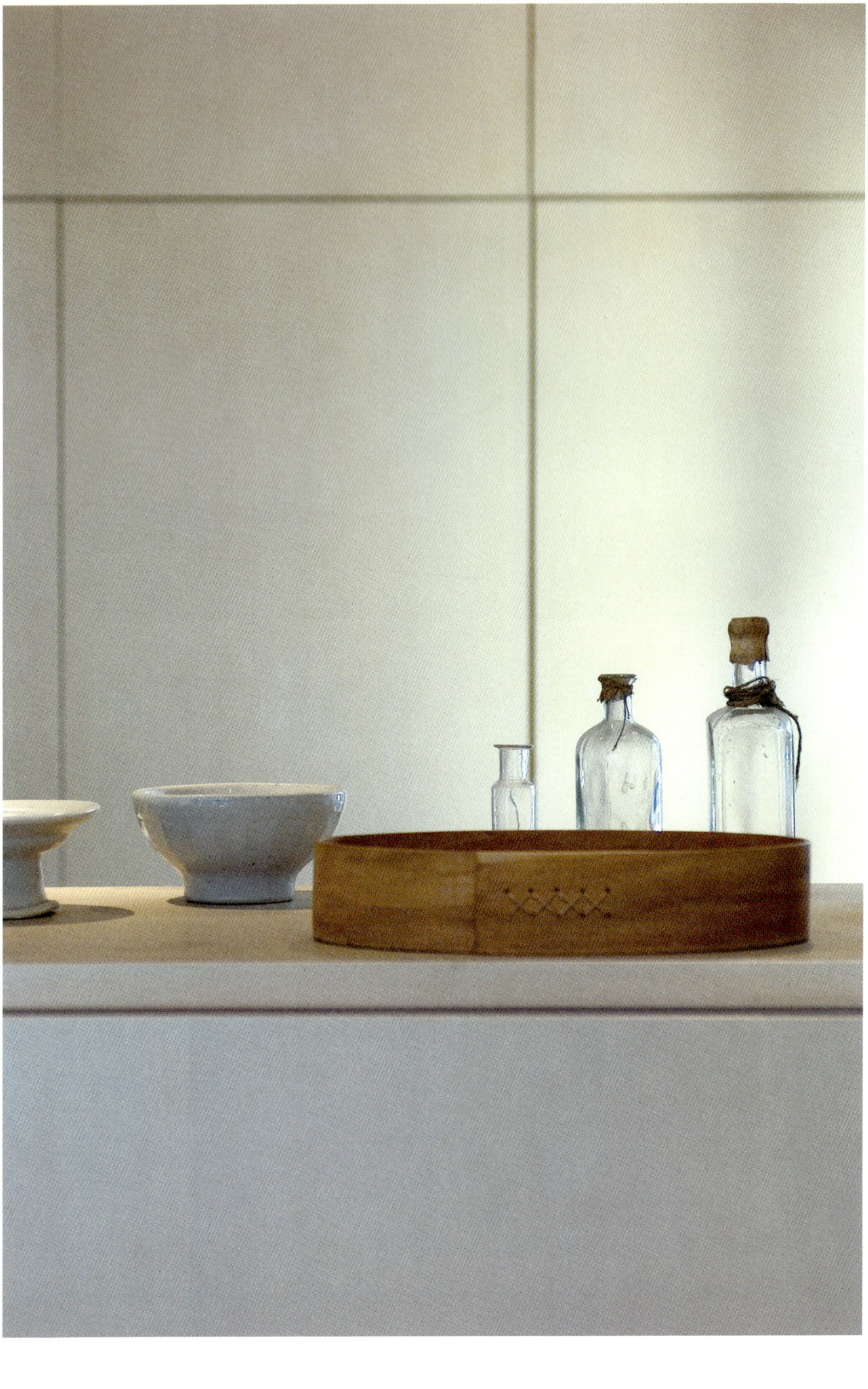

"正在我不知如何是好的时候,有个店员是陶艺爱好者,也学过金缮,所以就拜托了他进行修补,于是现在这些修复完的器物又有出场的机会了。"

"因为都是自己喜欢的器物,所以能修好总是觉得很开心——如果能自己操刀修复可能会更开心。既然没有因为破损就丢弃,那修好之后就会更加珍惜。回想以前我的父母,坏的东西修好了就继续一直用下去。过去的人们大都是在这样生活吧,我自己也想要这样生活。"

祖祖辈辈世代相传的宝贝,也许未必是有形的物件,生活中蕴藏的智慧和纯良的心性一样也是传家宝。正如宇南山女士的儿子在母亲的言传身教下成长,然后将一些珍贵的品德传承下去,我似乎能预见到他们家族绚烂的未来。

"SyuRo"位于东京的老城区,入口在靠近鸟越神社的"小吃横街"。附近的大爷大妈也常常光顾,扎根于居民中的感觉也是这家店的魅力之一。原创的旧城手工制品在海外也得到了很高的评价,因此被称为"日本手工制品的代表"也言不为过。

SHOP DATA — SyuRo

地址:日本东京都台东区鸟越 1-16-5
电话:03-3861-0675
店休:周日以及节假日休息,
    平日不定休
网址:http://www.syuro.info

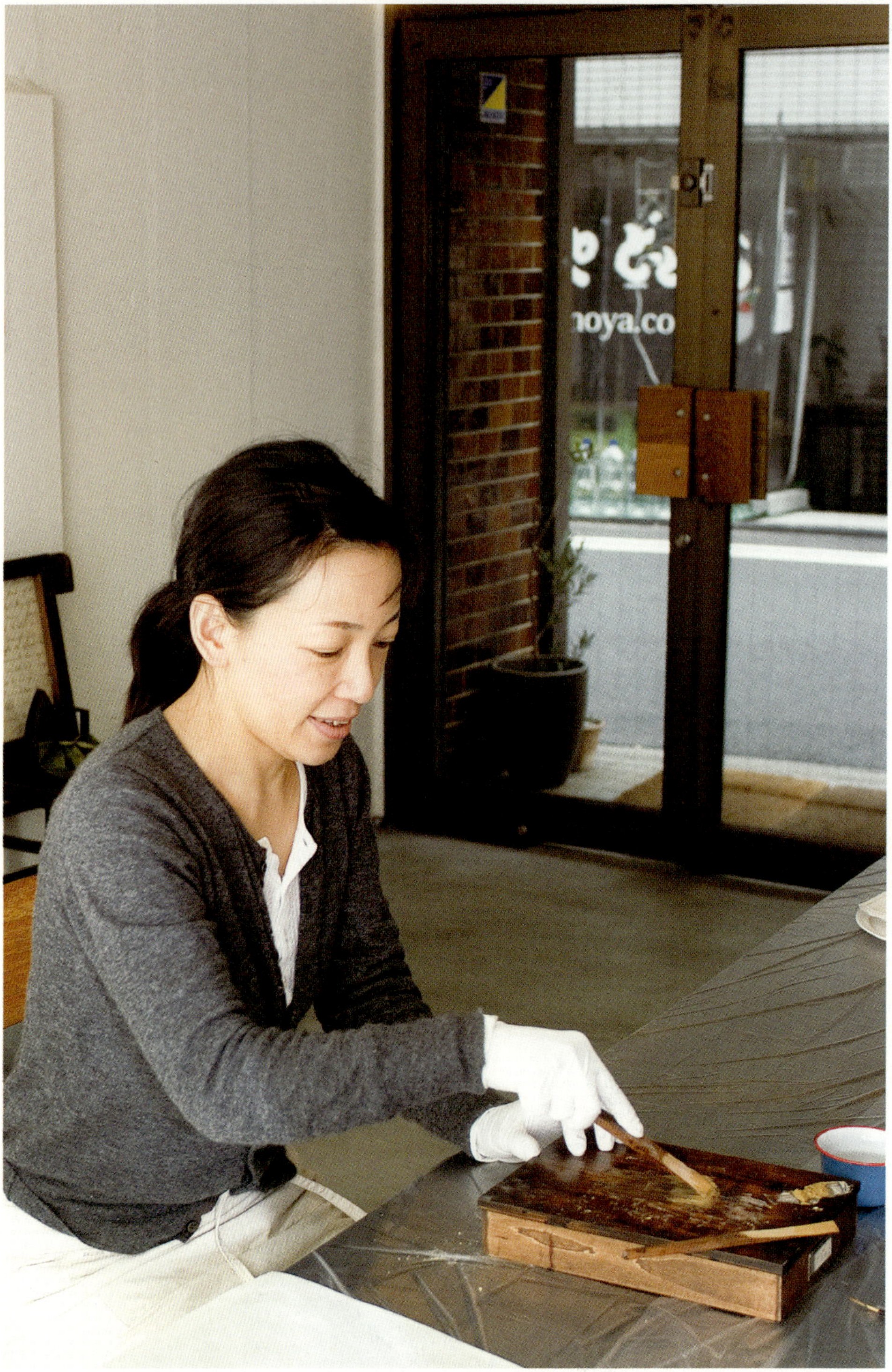

中川千惠的金缮体验

对器物钟爱有加的散文作家中川千惠女士为了能亲自修缮爱用的器物，挑战了正统的用生漆做粘接的金缮技法。借此机会我们将详细介绍金缮的步骤，希望能给大家作为参考。

中川千惠女士经营着一家以贩售日常用品为主的器物店，叫作"in-kyo"。作为器物店店主，自然比常人更多了一份对器物的热爱。正因如此，对于破损的器物不能束之高阁放任不理。中川女士虽然以前出于兴趣稍稍接触过金缮，这次则是第一次正式挑战传统的金缮。担任教学的是同样将在本书登场的栉谷明日香女士。这一次，她将尝试"填埋裂缝"和"麦漆粘接"两种不同的金缮修复工艺。

中川女士经营的"in-kyo"器物店，除了陶器之外，还搜罗了众多能为生活增姿添彩的日常小物。栉谷明日香女士也会不定期在店内开展金缮课程。

地址：日本福岛县田村郡三春町字中町9号
电话：0247-61-6650
店休：周三周四
网址：http://in-kyo.net/

一、炙烤封护

焼き付けをする

☆毛笔在使用前可用无水乙醇擦拭,确保除去笔毫上的油分。

☆用烛火炙烤截面时,每个截面烤一到两分钟左右即可。

虽然在金缮中讲究根据破损器物的状态来选择合适的修缮方法,但共通的操作步骤是先要对创面进行炙烤封护。顾名思义,就是要在破损的表面封上一层保护膜,方便之后粘接或填埋时漆糊能更好地附着在创面上。取少量的生漆,加等量的无水乙醇(即酒精)混合后,涂抹在破损的截面上,之后用布轻按擦拭。准备一支点燃的蜡烛,用烛火炙烤破损截面,直到生漆收干为止。可以用纸巾轻轻按压截面确认干燥程度,轻按后纸巾上不黏附漆面即可。

二－一、调制『漆灰』（填缝剂）及补缺

サビをつくり欠けた部分を埋める

[调制漆灰] 取少量的砥粉（即山岩石粉）、加入 2~3 滴清水混合。这一步的窍门是要将砥粉的颗粒彻底碾碎拌匀。混调均匀至耳垂般的软硬程度时，逐次少许拌入生漆。生漆的量与砥粉糊的量相等。如果生漆的量过多，可能会比较难阴干，这一点要注意。漆灰的成品可参考图中土黄色的样子。

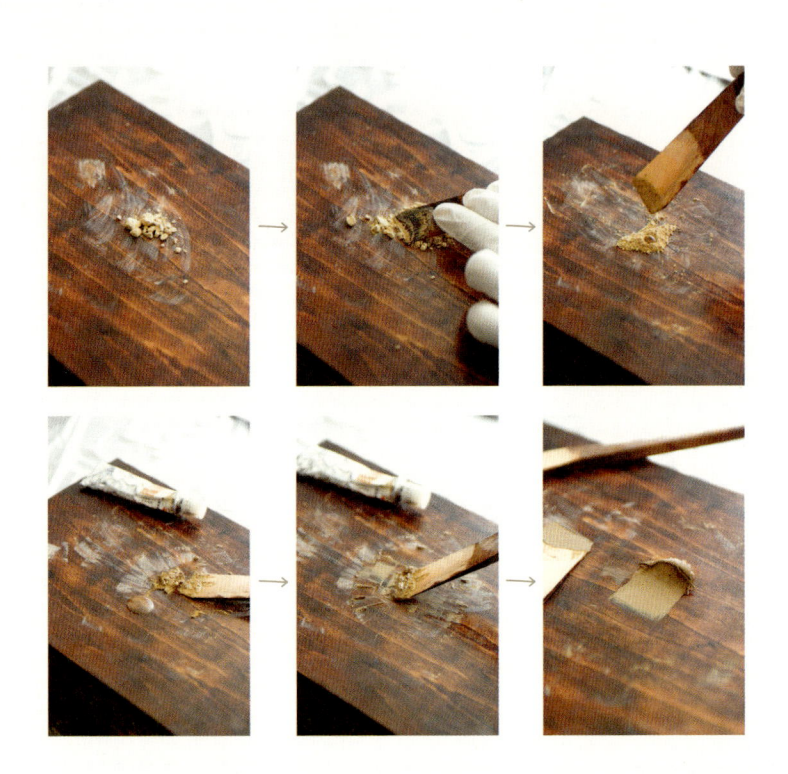

☆ 漆灰在新鲜的状态下大约能保存一天的时间。少量制成之后即刻用保鲜膜包裹，操作过程中随需取用。

☆ 漆灰溢出的部分可以用水砂纸之类进行打磨。

[补缺] 用刮刀取漆灰填补残缺的部分，如果裂缝处较深，等涂抹的漆灰完全干后，可重复数次上述操作。如果一次填得太多，会令漆灰难以收干。一次操作后器物需要在荫房内干燥一天左右时间。

二一二、制作『麦漆』及拼接碎片

麦漆をつくり割れを接着する

[调制麦漆] 在少量面粉中逐量加入少许水，混拌至耳垂般的软硬度。需要耐心捻揉大约十分钟才能得到理想的黏度。少许逐次加入等量生漆，再继续捻揉，直至如图中出现拉丝状态。

134

[拼接碎片] 用小号的刮刀将麦漆均匀涂抹在所有碎片的截面上,如果涂层过厚会很难阴干,所以这一步的窍门是要薄薄地涂一层麦漆,然后用力紧紧将所有碎片合到一起。此时最重要的是要用几乎能把麦漆挤出裂缝的力度来拼合碎片。然后在荫房内摆放约两周时间阴干。为了防止器物的碎片在阴干过程中错位,可以用无痕胶带进行固定。

☆ 如果破损的碎片较多,在涂抹麦漆之前,先尝试将所有碎片像拼图一般拼合在一起,然后决定粘接的顺序。麦漆一旦粘接之后将不易分开,所以一旦出错将很难纠正。

[刮去溢出的麦漆] 当麦漆粘接处完全干透之后,溢出的麦漆可以用剃刀的刀刃部分刮去。因为刮刀之类的工具容易弄伤器物的表面,所以推荐用剃刀的刀刃。使用时一定要注意安全,手持的部分最好用无痕胶带缠绕覆盖。

☆ 破损的器物即使重新拼接完整后也可能会留有缝隙,这些裂缝也可以用漆灰来填埋。

三、调制绘漆及描漆

絵漆をつくり塗る

☆ 朱砂色的朱红推光漆能在上金时凸显金粉的色泽。

☆ 用金粉或金属粉末上金时即使不用莳绘*，只用色漆也能得到出色的效果。

* 以金、银、色粉等材料在漆器上绘制装饰纹样，是日本的传统工艺技术。

——译者注

[调制绘漆] 最后上金之前先要在破损部分描漆，以便金粉能顺利粘接。这一步也是所有金缮技法中通用的步骤。调漆的方法，首先用刮刀将生漆搅拌至发黑的状态，待漆的成分稳定之后，混入这次选择的"朱红推光漆"颜料完成调漆。

[描漆] 用极细的笔将调好的绘漆涂抹在修补处。描漆的粗细将决定之后金粉的分布，所以选择能描绘出理想线条的笔很重要。推荐笔腰有韧劲、笔毫较长的毛笔。描漆时虽然整个笔头都要沾上漆，但只需用笔尖顺畅地拉出线条即可。

四、上金

金粉を蒔く

☆ 上金干燥之后，行家们多会用称作"鲷牙"的研磨工具进行打磨，但如果用消粉上金则无须打磨。

[拼接碎片] 终于到了上金的步骤。上金的时机在描漆完成后、但漆还没有完全干透的时候。此次使用的是俗称"丸粉"的，从金块上刮下来的大颗粒金粉。丸粉的优点在于不容易剥落，其次选择用金箔磨成粉末状的"消粉"也可以。上金的方法是，用丝绵蘸取适量金粉，在漆面上轻轻地反复拂压，让金粉均匀分布待干。最后，再次涂抹"灼烤封护"时用过的、以无水乙醇稀释过的生漆，阴干之后就会形成保护涂层。重复操作三次左右会让金粉附着得更牢固。

金缮结束之后我询问了中川女士的感想。中川女士说："我很喜欢金缮的过程。沉浸在修缮的工序中，能把思绪从平时的工作和日常琐事中解放出来，感觉很开心。而且还能让破损的器物脱胎换骨重获新生，仿佛拥有了新的表情和魅力。"看来说不定很快就能在中川女士的"in-kyo"里看见摆放着她亲自操刀的金缮佳作了。

第二章

金缮匠人
修修补补的日常

通过拜访从事金缮的三位匠人，
寻找金缮的美好和珍贵，
探索工作和日常的点滴，记录雅人善事。

ほり みちひろ

中心でなく、裏方的なもの
その支えがあるから
成り立つこと
金継ぎに感じる奥深さ

正在修缮中的古茶碗。缺失了一大块碎片,于是用大面积的漆来代替缺失的部分,以"共缮"的方式完成了修补。

没有配角从中支撑
主角外表的光鲜
便不可能成立
这是从金缮中感悟到的深意

堀道广
ほり みちひろ

漫画家，金缮匠人。从十几岁开始接触漆艺，同时开始绘制漫画，并持续至今。在著名的《加洛》漫画杂志举办的公开作品募集中脱颖而出，正式出道成为漫画家。由堀先生创作的《青春演义：漆艺组》是一部讲述漆艺研习的漫画。

陶土制品的魅力在于它质感柔和，
但同时也纤巧易碎。质朴的金缮
线条与器物浑然一体。

外形丰满的乳白色碟子，选择配以略显冷峻的银缮。为器物选择合称的金缮方式是一件乐趣无穷的事情。

下图中片口小碗上的金缮线条仿佛生来就是作品的一部分。果然还是柴烧和金缮最般配。

每当要去采访自己知识范围之外的选题时，我都会在因好奇而兴奋的同时，有少许紧张不安。虽然理智上知道，要顺利完成工作就要适应这种心理过程，但这种矛盾的心情状态每次都挥之不去。尽管如此，我也开始意识到心底深处，自己在尝试反省。

之所以会这样，归根结底可能因为我是一个懒惰的人，再就是与人交往时总是喜恶分明。在条件允许的情况下，我总是会倾向于事先做一些调查，一旦发现可能不是气味相投的人，就想极力避免会面。然而世上哪有这么轻易如我所愿的事情，如果不克制一下这样任性的自己，怕是不会有什么工作机会了。幸好至今我还能勉强控制住自己，让自己的事业得以延续。

话说回来，我一直觉得自己运气还不错，通常都有机会提前了解到受访者的种种信息，而且常常都有各路神人出手相助。回想一下，我的职业生涯，几乎一路都有贵人。

在这本书的取材过程中，堀先生就是我的贵人之一。他不但教给我许多有关金缮的知识，甚至还包揽了书中插画的工作。堀先生是金缮匠人，也是插画师，但其实插画才是他的正业。

"我从小就喜欢画画，那时还很想成为莳绘师呢。"

147

堀先生家里有很多金缮修复的器物，无不成为温馨的装饰点缀，给夫妇二人的生活增添了情趣。有旅行中购买的器物，有从老家带过来的器物，满怀怀旧氛围的器物给人的感觉和堀先生夫妇的性格颇为相似。器物就像镜子一样，折射出主人的样子。

祖籍富山县的堀先生，从小就在有地域特色的漆艺氛围中成长。他在老家的短期大学工艺学科漆艺相关专业学成之后，又去了轮岛漆艺技术研究院学习相关的漆艺理论基础，同时在漆艺大师赤木明登门下担任助手，探索在漆艺世界立足的道路。

"因为受到赤木老师的影响，我也曾认真考虑成为漆器师傅，但还是割舍不了画画这个爱好。正在那个时候，我的漫画在杂志的公开招募中被选中了，于是就来到了东京。可是，最终杂志遭遇了停刊的命运，所以成为漫画家的愿望没能顺利达成。"

年轻的时候经历坎坷是常有的事。堀先生就干过建筑漆工，在专门为寺庙的大殿上漆的公司打工，也在包吃包住的油漆贸易公司里干过，总之去到哪里生活都离不开漆。

"我果真还是喜欢'漆'这个东西啊！虽然是再平常不过的东西，却透露着一股温存。感觉漆虽然并不是主角，但却是不可或缺的配角。我觉得这正是漆艺吸引

148

我的地方。金缮的角色也是这样，虽然本身不是主角，只是把破损的器物修复的技术，但是那些破损了本可能被扔掉的东西、那些命运原本已经走到终点的东西、那些不再受宠的器物，都能因为金缮而重获新生。也许这就是为什么我会对金缮情有独钟吧。"

堀先生所说的道理，我通过这次采访也有了更深的认识。"不求有多少人在参加过一次工作坊之后会再次拾起金缮这个技艺，但哪怕只是多让一两个人对金缮和漆器产生兴趣，我就觉得很欣慰了。"虽然堀先生说得轻松，但实际上，一边要承担漫画师的身份，另一边还要分身从事金缮的工作，这需要有强大的动力和激情，而能在这表里之间找到平衡感更是一件令人艳羡的事。

堀先生还给我介绍了一种称为"随缘缮"的修缮技法，所谓"随缘缮"就是用一件陶器的残片来修缮另一件器物。出色的修缮能让两个本已残缺的个体合成一个更好的整体。其实，人与人之间的关系又何尝不是如此呢？互补所长、互惠互利才是最佳的相处模式。由此及彼，正显出了金缮的奥义啊。

堀先生和太太山元佳枝女士。山元女士是插画师，也从事陶器上色的工作。

堀先生除了这个工作室以外，还在别处借了一个空间，别人拜托他修缮但还未动工的器物，还有修缮完静置阴干的器物都放置在那儿。以"祈祷"为主题的系列作品，是堀先生采用金缮的技法连接木质结构的一组力作。左图中是堀先生平时做金缮用的工具。妮维雅润肤露也是工作中的常备物品，接触生漆前都会在双手裸露的肌肤上抹上一层作为保护。

堀先生在不少咖啡店和生活馆内开展"金缮部"的教学。在叶山的艺廊商店"ARAHABAKI"也会定期举办工作坊。穿着围裙指导大家金缮技艺的堀先生看上去特别和善，工作坊中的氛围也是其乐融融。

堀先生除了在工作室里捣鼓金缮之外，也会在这里画漫画。所以整个空间到处都是各式各样的画笔和工具。

150

堀先生自己家的厨房里，摆放着他亲手制作的木质锅垫。在旧车床上切割，自己亲手上漆的制品，显露着主人对手作的热爱。

堀先生家里的置物架上摆放着木偶等各种颇有趣致的摆设，自制梅酒的旁边还浸泡着柿子叶，据说能缓解生漆过敏引起的漆疮。位于下方的图片是堀先生的漫画作品和他参与绘制插画的书籍。

堀先生的朋友制作的"金缮部"铭牌挂在工作室的玄关处，标志着此处就是"金缮部"的大本营了。

壊れたものを直すと
明るく元気な何かを放つ
そのことが嬉しくて
毎日こつこつ繕う仕事

くしたに あすか

正在修缮中的茶碗。破损的状态令人痛心,让柿谷女士无法袖手旁观。

修复破损的东西
这件事充满了正向的能量
于是每天乐此不疲
沉浸在修缮工作中

栨谷明日香
くしたに　あすか

金缮匠人。曾在东京艺术大学学习漆艺，因为钟情漆的材质，曾潜心创作螺钿工艺等精致漆艺，现在的工作则以金缮为中心。栨谷女士性格恬静，用她自己的话来说，"我就是很喜欢修缮残损器物这个行为本身"。栨谷女士现在只从事金缮教学的工作。

详情请参见"in-kyo"主页网址：
https://in-kyo.net/

用大漆修缮过的荞麦猪口杯，虽然此处用金或银来修饰也会十分美观，但保留现在的状态也有一种质朴的风味。

质地脆弱的陶器本来就容易在杯口发生缺损，修缮之后让人更想继续使用下去。

世间的物品琳琅满目，尤其在如今这个在百元店*就能购齐大多数日用必需品的国度，要认清物品的真正价值，真是越来越困难了。

小时候父母总是教育我们不要浪费，要物尽其用。然而又有多少人能真正做到身体力行呢？经历了泡沫时代的浮华，如今又是长期的通缩和低迷，接下来又会迎来什么样的境况呢？作为个体，既无力抵抗经济大环境的变化，又对物质的诱惑没有抵抗力，如此沉浮在时代的更替中，自身的经济状况也随之跌宕起伏。这样一来，人们自然而然地也会对将来感到不安。

然而，如果与我们的父辈接触就会发现，经历各种动荡后幸存下来的人往往不容易因为外部环境的变化而动摇，究其原因，应该是这辈人对于物品的基本价值都有清晰的认识吧。我很亲近的一个朋友的祖母就从不使用百元店里的日用品——并不是说她家里尽是昂贵的高级货，只是她会根据自己的需要悉心挑选物品，与自己价值标准相符合的器物会好好珍惜使用。这样的生活方式，在泡沫经济时代也好，在当下不景气的环境下也好，都不曾改变过。而且，一件物品几十年用下来，即使无法再作最初的用途，也会加以修葺，变废为宝以作他用。在被扔进垃圾桶寿终正寝之前，不知道要经历多少年呢。

要维持这样的生活方式，还需仰仗那些从事修理、修缮工作的人。这些工作看似平凡枯燥，与听上去高端洋气的创意工作似乎相去甚远，但其实并非如此。

* 店内商品价格一律为 100 日元（税前，约合 6 元人民币）的日用百货商店。

——译者注

这只茶碗碎成不少非常小的碎片，要将所有碎片仔细完整地拼凑回去需要有足够的耐心。

栉谷女士和丈夫宫下智吉先生悠闲地坐在起居室里。宫下先生是漆器艺匠人。夫妇二人曾在同一所大学学习漆艺。

右图中的玻璃柜是夫妇二人从学校图书馆收购后改装过的，放在操作上漆的工作室里作为荫房使用。

右图中的漆刷是用女性的头发做成的。常用的桧木板上已经包了浆，看上去是主人自己切割做成的工具，用来粘接和固定毛发用的，这样才能制成左图中优质的黑发毛刷。抹刀之类的道具对上漆工来说是非常重要的工具。工作台上排列着各种毛笔和抹刀。

有很多破损的器物被送到枥谷女士这里,
静静地等待着被修缮。

枥谷明日香就选择了放弃创意事业,投身从事修缮的工作。在大学的工艺专业学习了漆艺之后,本以为顺其自然地会成为漆艺匠人,没想到因为受人之托用漆艺修缮器物而走上了金缮的道路。"大学二年级时第一次接触生漆,我觉得生漆是我接触过的材料之中最难以捉摸的一种,可能就是这一点深深吸引了我。"

"自那之后,我一心钻研漆艺的心就不曾改变过,多年积累的技术和知识,并不只运用在作品的制作上。最初是受人之托才开始接触漆缮,却发现与自己心性相合。虽然原创作品可能更能彰显自我,但能让他人高兴,对别人来说有用的工作更让我感到满足。"

在这一次的采访中,枥谷女士始终都从容不迫,从不滔滔不绝地阐述自己的意见,而是仔细聆听问题,然后认真地进行回答。用心倾听别人说的话,这件事看似简单,真正能做到的人却不多。大多数人只是一味地凸显自己的存在感,为了得到别人的理解而拼命表达自己。

而用心倾听别人的人,是希望了解他人的需求,并尽量满足他人愿望的人。不求张扬,只在幕后默默运筹帷幄确保一切顺利运转。

也许只有真切地认识到这些匠人的存在,了解了他们的工作,意识到器物从制作到诞生的过程,人们才能从真正意义上对

慧心挑选的旧家具有一种永续使用的从容感。

日式现代风的装修风格给人宜居的感觉。神社法事中使用过的精细纸工作品给环境增添了一份美丽。

器物珍惜有加。朋友的祖母常会说"托您的福",其实是由衷地表达这种感恩吧。正因为明白其中的道理,才不会因世事变化而随波逐流。我也想要成为这样的人。

"把破损的东西聚集在一起,总有些阴暗沉重,但修缮进展的过程中能明显地感受到器物重新散发出光明和朝气。正因如此,我才乐此不疲地从事着这项平凡的工作。"

这种温存柔和的细腻情感,正是金缮的发心之源吧。

160

室内的摆设中也有很多东南亚的日常生活用品，悠闲的外观舒缓了生活中的压力。

右图中色彩缤纷的器物是去缅甸旅行时购入的漆器，是蒲甘地区的特产，细致的纹案是它的出众之处。隔板上供奉着神符，正所谓举头三尺有神明。

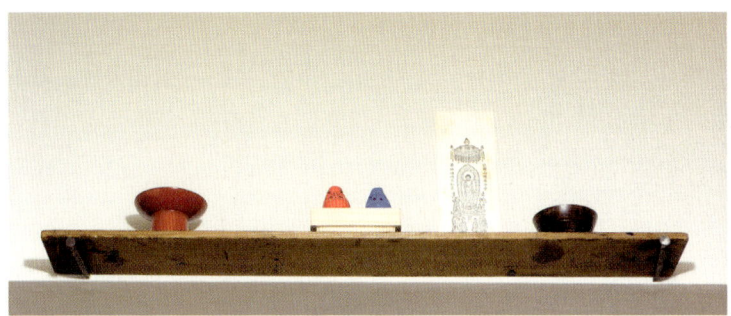

簡易継ぎという手法で
金継ぎを身近に感じて欲しい
最初のステップとして
伝えることの大切さ

こばやし たけひと

单手就能围握的小茶杯被放在咖啡店内使用。杯口的破损已用银粉修缮一新。

——
想通过简单的修缮手法
让人亲近金缮
如何传达这最初的一步
是非常重要的事

小林刚人
こばやし　たけひと

金缮匠人，茶室和器物店店主。在器物和茶道的延伸处找到了"器物修缮"这个交点。这都是出于对日本文化的热爱。尽管会用餐具专用黏合剂进行简易的金缮，但器物表层也一定会用漆做保护涂层。

只是边缘稍稍一点磨损，用简易的
金缮就能快速修复。"简便"对于
日常生活来说是不可或缺的要素。

金缮最初是以莳绘技术为原点发展出来的修缮技法，关于这一点本书在第三章中也会略有介绍。金缮的发展历史源远流长，用漆这种自然材料来作为黏合剂，使修复后的器物也能放心盛放食物，即便可能直接接触人体肌肤的器物也可以安心使用。悠长的历史证明了这种修缮技法的优秀之处。本书也推荐了基础的以大漆粘接、再施以金缮粉饰这一传统修缮方式。

但老实说，有时我也不禁会质疑这样是否太过墨守成规。安全性固然是最重要的，不容有半点疏忽。然而，随着时代的发展，新型技术开发出各种新的材料，在这中间可能会出现能够用于金缮的材料也不一定。正如现在几乎所有的食物中也都添加科学合成的调味料或保鲜剂，我们的生活无可避免地渗入了许多新的科学产物，要如何控制这个被渗透的度，我想就得凭借个人的考量与选择了。

本书中也将介绍使用黏合剂的简易金缮技法，连我自己也感觉已经接受了这样的革新。用黏合剂的好处在于，它比生漆干得要快，这样一来，就能省去作为黏合剂材料的生漆以及准备生漆所需的过程了。也就是说，任何人都可以简单地完成金缮了。

所谓"传统"，不同的人有不同的拿捏。有重视保守原始材料和固有技法的人，有与时俱进开疆拓土的人，也有强调注

黑色肌理衬托着金色的黄铜。小林先生的金缮讲究视觉的美感，每一件都是赏心悦目的佳品。

开裂的小酒杯被修复之后，金缮的线条将裂痕生动地描绘出来并加以粉饰，让酒杯萌发出了新的魅力。

修缮后的盘子上，表面的伤痕被加以生动的粉饰，修缮后千丝万缕的裂缝仿佛欢乐地聚拢到一起，让人印象深刻。

重文化传播的人。无论哪一种倾向都各有利弊。就我个人而言，认为各个方向都很重要，要集各方所长。

小林刚人先生就是用黏合剂来实现金缮的匠人之一，他称之为"简易缮"。小林先生从小就受父亲的影响，对器物十分喜爱。

"父亲收集了不少的陶瓷器物，于是我就开始思考利用这些器物能发展出什么样的生意。"其结果是，他做起了出租业，以餐厅为对象租赁食器或花器。

小林先生最初开始这项事业的时候才25岁，干劲和决心兼备的他，深受顾客

被这偶然形成的形态所吸引，这块碎片就这样维持原状，作为器物使用着。

168

的青睐，有厨师还会拜托小林先生做些租赁之外的事务，金缮就是其中一项。

小林先生几乎全靠自学学成金缮，我询问了他选择"简易缮"的理由。

"首先简易缮可以在短时间内完成，而且成本也比较低。我的客人所托付我的多是营业中使用的器物，都是日常用的极为普通的器物，所以修缮的成本不要过高是前提条件。"

小林现在确实是以惊人的低价在接受修缮的委托，他所接受的委托数量之多，使他几乎常年无休地在工作。即使这样他也没有拒绝源源不断的修缮委托。这

小林先生还经营着名为"wad"的茶室。以日式茶道为主题，店铺的环境和氛围无不传达着对传统茶道的尊崇。小林先生也会亲力亲为，细心地掌控温度，煎出美味的茶汤。一天的营业结束之后，小林先生还要利用夜晚的时间从事金缮的工作。

除了美味的茶和茶点，小林先生也会为不同的客人挑选合适的茶具，这样的日常是小林先生每天动力的源泉。

小林先生在工作室的同一栋大楼里另外租借了放置出租器物的展示店铺。能将自己的爱好做成事业实在是一件了不起的事情。

完全是因为小林先生的心中早已扎根了对器物珍惜对待的文化。同时，为了以更平易近人的方式向更多人介绍日本文化之美，小林先生还经营起了以日本茶为主题的茶室。

"在法国等国家，修缮之后的器物代代相传是非常普遍的事。日本以前也是这样，但我们的时代渐渐淡薄了这个意识。为了让更多人了解到，与过度消费相比自己动手修缮有更多的乐趣和好处，我推荐初学者尝试简易缮。"

能将自己的想法付诸行动，使之成型，这种坚韧在我看来就是通往未来的希望之光。

小林先生说他对器物的喜爱是继承于他的父亲。他热衷于用自己的收藏来装点茶室和工作室，也拥有很多器物相关的书籍。小林先生一定是从小就被熏陶要善待器物，所以对于他而言，器物并不只是简单的商品。

SHOP DATA

wad

地址：日本大阪府大阪市中央区南船场 4-9-3 东新大厦 2F
电话：06-4708-3616
店休：不定休
网址：http://wad-cafe.com/

关于金缮及工作坊的相关事宜，
请通过店铺主页的电邮地址进行咨询。

茶室和器物店都会用作展览场地，来向大众介绍年轻的器物作者。小林先生会自己走访陶窑，也很注重了解器物的作者。店内的设计布置也是美不胜收。

第三章

一起来学习金缮吧

本章将介绍金缮中用到的基本材料、
器物破损的种类、相应的修缮步骤、
操作中的注意要点等等。
大家一起来尝试挑战"金缮"这门日本传统工艺吧。

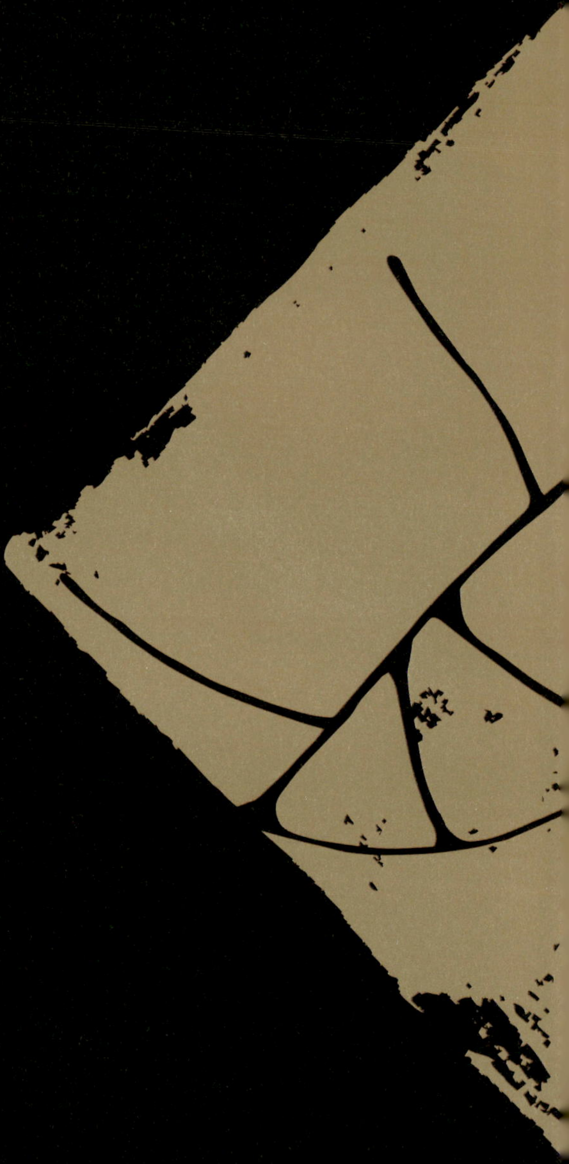

金継ぎを学ぼう

破损的种类及其名称
欠損の種類とその呼び名

器物破损的形式千差万别。
在开始金缮之前要先观察和研究器物破损的状态。
破损的形式大致分为四类。
要根据不同种类的破损选择相应的材料进行修缮。
此处，我们将介绍各类破损的名称，
并配以对应的插图方便大家认知。

[破碎 / 割れ]

一般而言指器物完全打碎的状态。这种破损形式器物或是碎成两半，或是粉碎成许多块碎片，但残片都保留完整。在这种情况下应用麦漆将残片粘接复原。

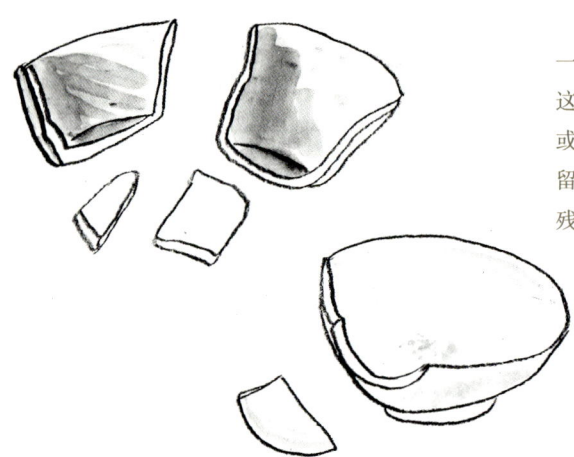

[缺肉 / 欠け]

相对"破碎"的碎片保存完整的状态，缺肉是指有碎片缺失的状态。缺肉的面积较小时可用漆灰填补，较大的缺肉要用木粉和麦漆混合制成的"刻苧"来重塑缺失的部分。也有借用别件陶瓷的碎片修补缺肉的技法，被称为"随缘缮"。

[磨 损 / ほつれ]

相对"缺肉"是器物存在破碎的情况，磨损是指只有器物的表面部分剥离的状态；表面呈现磨损和缺陷的状态。用漆灰填补修缮即可。

[裂缝和裂纹 / ひび・にゅう]

较大较深的裂痕称为"裂缝"、较小的表面龟裂称为"裂纹"。用稀释过的生漆或麦漆可以修缮。

金缮工艺的
必要工具和材料
金継ぎに必要な道具と材料

本书推荐用生漆而不用化学黏合剂的金缮。在此,介绍此类金缮中基本的工具和材料。

竹刮刀
用来将漆灰或麦漆涂抹到断面上,或在填补缺肉时使用。

调漆板
复合木板就可以。如果有玻璃板则更佳。用于混合生漆和面粉或砥粉。

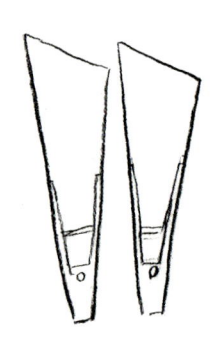

塑料刮刀
如果备有两把的话使用起来会比较方便。用于捻揉生漆和面粉或砥粉。

莳绘笔
推荐笔锋细长的"赤轴石版用"莳绘笔。

绘漆·朱红推光漆

朱红（铁锈红）色推光漆，面涂、上金时使用。

黑色推光漆（涂漆用）

黑色推光漆主要用于下涂、中涂及面涂。

生漆（打底用）

用于炙烤封护、或调制漆灰或刻苧，并不单独用于涂饰。

面粉

高筋粉的黏合力较强，推荐使用。用于调制麦漆、刻苧等。

木粉

推荐使用日本产白桦木、黄杨木、赤松等坚硬木料手工磨制的木粉。

砥粉

黄色的山岩石粉。调和漆灰时使用。

金粉

消粉或丸粉皆可。

菜籽油

橄榄油之类的植物油亦可。用于清洁绘漆笔等工具；生漆碰触到皮肤时也可用植物油擦拭，能防止生漆变干。

无水乙醇（酒精）

与生漆混合使用。可清除洗笔后残留的油迹。

丝绵

上金粉时使用。

橡胶手套

推荐使用薄型的乳胶手套。

水

在捻揉面粉、砥粉时添加。

水砂纸

240目*到1000目不同粗细的水砂纸。

* 水砂纸的粒度号单位，用于表示1英寸×1英寸的水砂纸面积内的颗粒数。颗粒数越多，纸质越细。

——译者注

无痕胶带

在拼接完成后用于防止碎片移位。也可用来缠绕剃刀保证操作的安全。

剃 刀

用来刮去拼接时被挤出的麦漆。为了避免操作时受伤,应在手持的一侧用胶布妥善缠绕作为保护。

——————————— [进阶工具] ———————————

毛 棒

上金完成之后,用来回收散落的金粉。

鲷 牙

附有鲷鱼牙齿的笔状工具。在研磨金粉(丸粉)时使用。也可用玛瑙棒或玻璃棒代替。

生漆(生正味漆)

日本产的生漆。用来制作绘漆。

滴 灌

方便添加少量的水滴。

陶器、瓷器、木制品的
金缮方法指南

陶器・磁器・木製品の欠損別繕い方マニュアル

针对不同的破损种类，介绍最合适的修缮方法。

1 ["破碎"的修缮]

01　预处理

将要修复的器物清洗干净、充分晾干。为了使粘接效果更好，应当用粗砂纸打磨各个需要拼接的断面，保证表面平整。

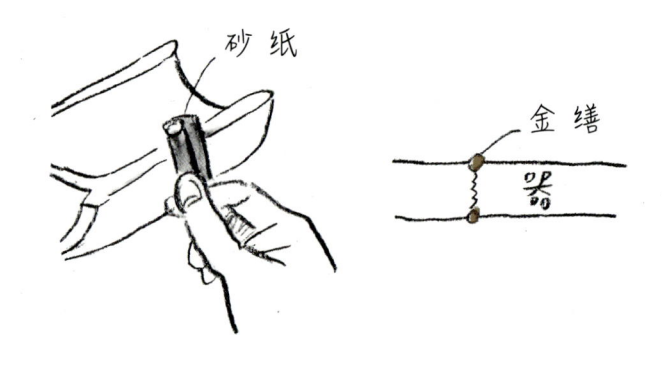

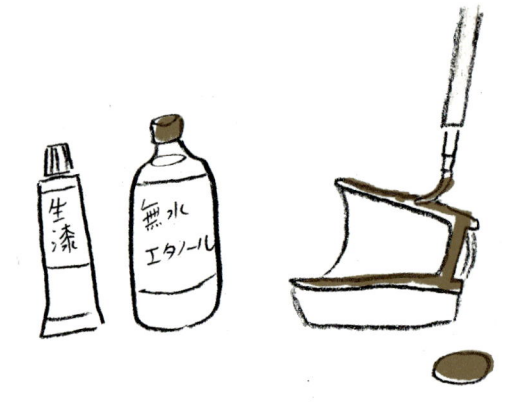

02　固化断面

用少量的生漆与等量的无水乙醇混合，再用笔将混合物涂抹在需要拼接的断面上，之后用布轻轻按压擦拭。

☆笔在使用前应用无水乙醇擦拭，确保去除笔尖上的油分。

182

03　炙烤封护

用烛火炙烤断面，让生漆形成保护膜。

☆ 炙烤时间约 1～2 分钟。
☆ 如果不使用烛火，也可在 120℃的烤箱里烘烤 1～2 小时。
☆ 自然晾干也可以，但耗时较久。
☆ 为确认干燥的程度，可用纸巾轻轻按压断面，不出现黏附的情况即可。

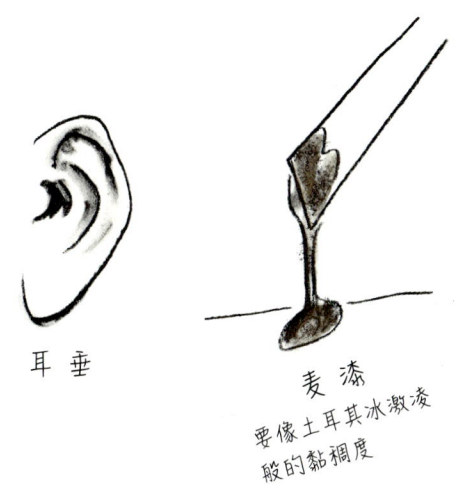

04　制作麦漆

取少量高筋粉，加水搅拌至耳垂般的软硬度即可。再逐步加入等量的生漆，不断捻揉混合。

耳垂

麦漆
要像土耳其冰激凌般的黏稠度

拼接　05

用竹刮刀在断面上涂抹麦漆，用力将碎片紧紧拼接到一起。然后用无痕胶带进行固定，防止在干燥过程中错位。在荫房中阴干约两个星期的时间。

☆ 麦漆只要涂抹薄薄的一层即可。
☆ 涂抹时的窍门是要用擦涂，确保涂抹均匀。

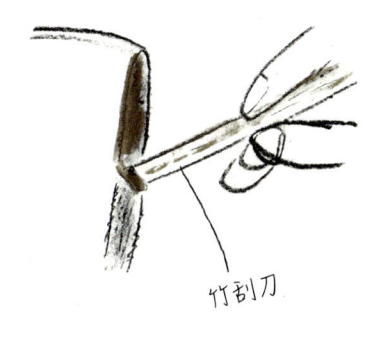

竹刮刀　　无痕胶带

一定要小心剃刀的刀刃！！

美工刀的轴

分开出售的刀刃

除了剃刀，有时也使用美工刀

|06| **刮去溢出的麦漆**

用剃刀或美工刀去除拼接时溢出缝隙留在器物表面的麦漆。

☆ 拼接完成后，若存在细微的缺肉或破损，可用漆灰或刻苧进行填补。（具体步骤可参照相应页面的操作指南）

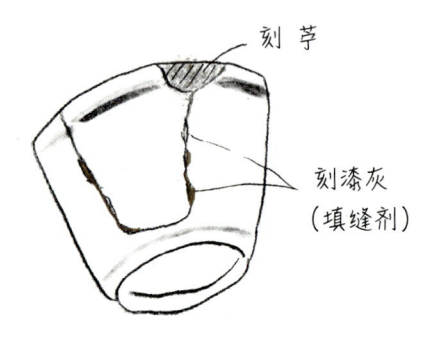

刻苧

刻漆灰（填缝剂）

400目左右的砂纸

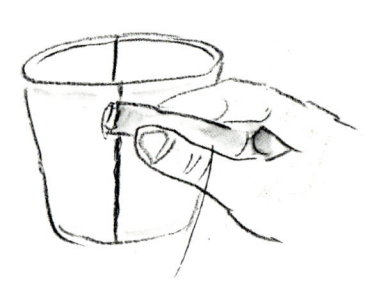

将400目左右的砂纸卷成棒状进行打磨

|07| **用砂纸打磨**

溢出表面的麦漆刮除之后，用400目左右的砂纸打磨拼接的表面使之平整。

184

[08] **中涂**

用细笔将黑色推光漆涂描在拼缝处，然后放入荫房干燥一天的时间。

☆ 涂漆时要注意轻薄、均匀。

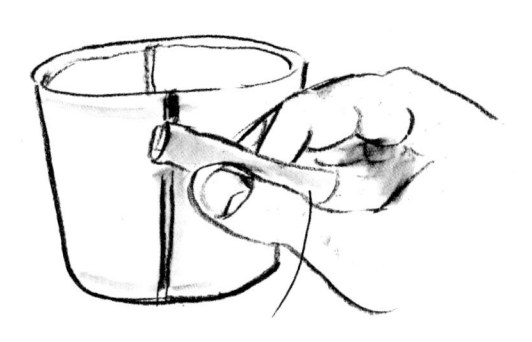

中涂打磨 [09]

用600~1000目的砂纸打磨表面，使光滑平整。

☆ 可重复几次"中涂"和"中涂打磨"的操作。
☆ 在不用金粉的情况下，重复多次"中涂"后，"漆缮"就完成了。

将600~1000目的砂纸卷成棒状进行打磨

[10] **上金**

请参照第137页的说明。

2 ["缺肉"和"磨损"的修缮]

01

固化创面及炙烤封护

和修复破裂的器物之前的预操作一样,取少量的生漆与等量的无水乙醇混合,涂抹在创面上,然后用布按压擦拭,之后用烛火炙烤烘干。

☆ 炙烤时间 1~2 分钟。

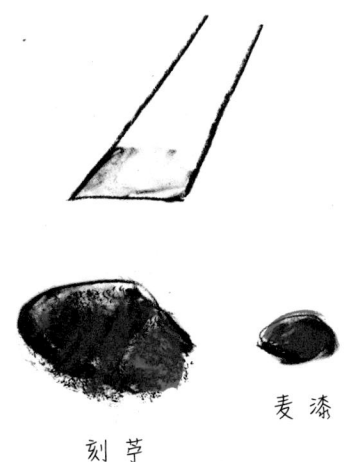

刻苎
略微凝固的狗狗排泄物的黏稠度

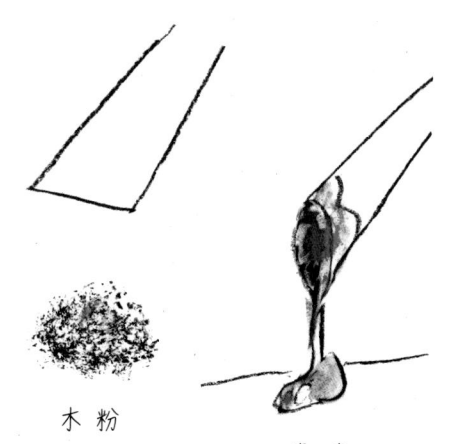

麦漆

木粉

麦漆
要像土耳其冰激凌般的黏稠度

02—1 **调制刻苎**

取少量高筋粉,加水搅拌至耳垂般的软硬度,再逐步加入等量的生漆,不断捻揉混合成麦漆。
加入大约相当于麦漆 1.5 倍量的木粉,混合制成刻苎。

☆ 除了木粉,也可用砥粉或刻苎棉等材料混合制成刻苎。
☆ 刻苎的材质较硬,便于塑形。

刻苎调好之后,配合破损部分的形状进行黏合。
之后放入荫房干燥约两周时间。

☆ 操作时务必戴上薄的乳胶手套,在防止手指直接碰触生漆的前提下,可以像做黏土造型般为刻苎补损部分塑形。

漆灰
（填缝剂）

竹刮刀

竹刮刀

裂缝

02—2

调制"漆灰"（填缝剂）

取少量的砥粉，加入 2～3 滴水混合，捻揉至类似耳垂的硬度。逐量加入生漆，充分混合，制成漆灰。生漆的量与砥粉的用量相等。

漆灰制成之后，可以用竹刮刀涂抹在缺损部分，然后在荫房中干燥一天时间。

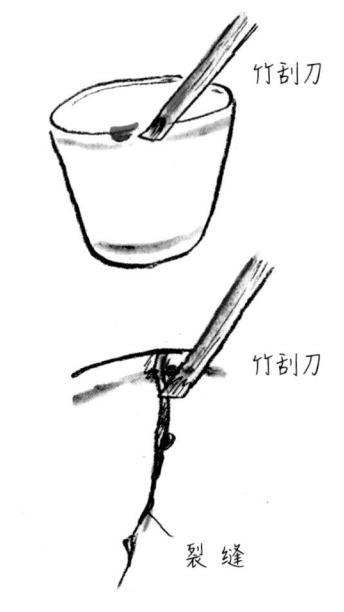

将 240～400 目的砂纸卷成棒状进行打磨

03　**用砂纸打磨**

溢出表面的麦漆刮除之后，用 400 目左右的砂纸打磨拼接的表面使之平整。

☆ 砂纸无法打磨去除的部分可用剃刀或美工刀削去。

中涂 04

用细笔将黑色推光漆涂描在拼缝处，然后放入荫房干燥一天的时间。

将 600 ~ 1000 目的砂纸
卷成棒状进行打磨

均匀打磨，去光

中涂打磨 05

用 600 ~ 1000 目的砂纸打磨表面，使光滑平整。

☆ 可重复几次"中涂"和"中涂打磨"的操作。
☆ 在不用金粉的情况下，重复多次"中涂"后，"漆缮"就完成了。

06 上金

请参照第 137 页的说明。

3 ["裂缝和裂纹"的修缮]

裂缝中夹着竹刮刀

无痕胶带

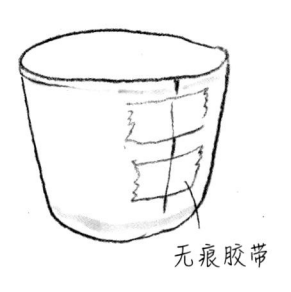

[01] 浸染·拼接

取少量生漆和等量的无水乙醇进行混合,然后涂抹在裂纹处,使渗透吸收。溢出的漆用布擦拭去除,随后在荫房中静置一日干燥。

裂缝的地方,用细笔蘸上无水乙醇稀释过的液态麦漆(关于麦漆的详情请参照前页)涂抹。擦去多余的漆之后,用无痕胶带固定拼缝,放入荫房干燥约两周的时间。

☆如果裂缝较大,涂抹麦漆时可将竹刮刀嵌在其中,确保裂缝内两侧都充分涂抹到麦漆。

| 02 | **中涂** |

用细笔将黑色推光漆涂描在拼缝处，然后放入荫房干燥一天的时间。

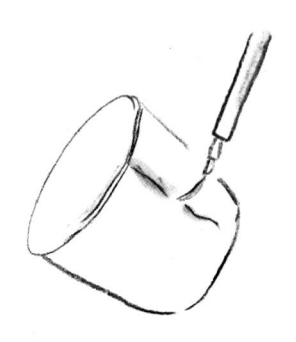

600～1000目的砂纸

| 03 | **中涂打磨** |

用600～1000目的砂纸打磨表面，使之光滑平整。

☆可重复几次"中涂"和"中涂打磨"的操作。
☆在不用金粉的情况下，重复多次"中涂"后，"漆缮"就完成了。

| 04 | **上金** |

请参照第137页的说明。

4

[玻璃制品的修缮方法]

玻璃或是质地较硬的瓷器都是不容易修缮的材质。与陶土制品不同，这类器物的断面坚硬，漆不易渗透吸收，可用"环氧树脂类"黏合剂进行粘接后再上漆。

01　拼接

和使用刻苧拼接时的要领相同，将环氧树脂类的黏合剂与木粉混合至好似黏土的硬度，然后涂抹在破损的部位进行拼接。

待干后，用剃刀削去多余的黏合剂。之后再用砂纸打磨至光滑平整的状态。

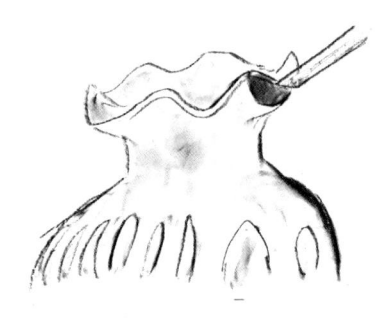

02 中涂

用细笔将黑色推光漆涂描在拼缝处（黏合剂的痕迹处），然后放入荫房干燥一天的时间。

03 中涂打磨

待漆干了之后，用砂纸将表面打磨平整。
02 和 03 的操作可重复几次。

04 上金

与其他的金缮方法一样，请参照第 137 页的说明。

[金粉的涂抹和打磨]

5

01
涂抹绘漆、朱红推光漆

绘漆是由"生正味漆"精制后,与朱红推光漆混合而成。也可用已经混合好的朱红推光漆取代使用。

☆ "生正味漆"即日本产的生漆。
☆ 此处所指的"精制"是将生漆不断捻拌至发黑的状态,或是完全变黑的情况。

绘 漆

02　　上金粉

用丝绵沾上金粉抹开,用手指轻敲丝绵,让金粉散落在绘漆上。

☆ 金粉价格不菲,为了不浪费,可用毛棒收集使用后多余的金粉。
☆ 注意不要让丝绵沾到未干的绘漆或朱红推光漆上。
上金结束后在荫房中放置2~3天干燥。

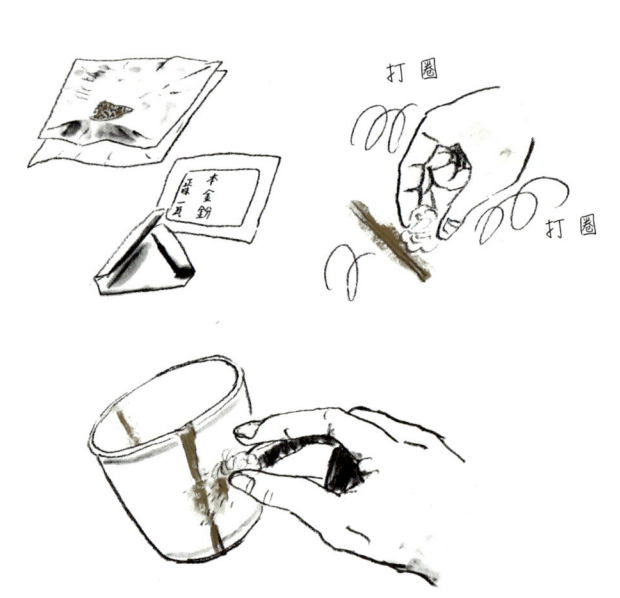

打圈

194

| 03 | **固定（封层）**

用无水乙醇稀释后的生漆涂抹封层，待干后轻轻擦拭，放置一天干燥。

☆ 这个过程可重复操作 3 次左右，可确保金粉稳固不易剥落。

石粉

手指

想象粒子被碾碎的样子

鲷牙

用手指摩擦

| 04 | **研磨**

使用鲷牙将金缮处打磨出光泽，也可用 600 目的砂纸代替鲷牙。

使用石粉研磨

用手指蘸取少许菜籽油，再蘸取只够填满指纹分量的石粉来打磨抛光。

☆ 随着手指的摩擦，金粉会变得越来越有光泽。

关于漆艺和金缮
漆と金継ぎについて

在海外漆器又被称为"Japan"。
漆艺和日本民族自古以来就有很深的渊源。
本章节将围绕金缮中不可或缺的"漆",
探索漆的历史背景、讲解操作中的注意事项、
介绍与漆相关的基础知识,
以及和金缮相关的各类信息。

漆艺和金缮的历史

从绳文时代(约公元前15000—约公元前2300)开始,日本人就开始使用漆这种材料了。从遗迹出土的文物中可以看到漆被用来粘接陶土器皿或用作美化装饰材料,还被涂抹在木制品的表面作为装饰,由此可知,在当时漆已经作为黏合剂和涂料,成为日本人生活中不可缺少的材料了。

随着时代的演进,日本的漆艺文化发展出了独特的莳绘技艺。所谓"莳绘"就是在漆器上用金属粉末描绘图案或文字的漆艺。现存最早的莳绘作品是大约公元8世纪左右的正仓院御物之一"金银钿庄唐太刀"的刀鞘,是用称为"研出莳绘"的技法来描绘的漆艺作品。从此之后,莳绘便作为日本特有的工艺之一广为人知。

时至室町时代,从莳绘衍生出了金缮这种器物修缮技法。金缮最早诞生于茶道的世界,与茶文化本身一起成长发展。受茶道特有的审美观念的影响,金缮并不止于单纯的修缮技法,而是发展成了能赋予器物新鲜美感的一种艺术形式。

关于"漆"

生漆是用从漆树中采集的汁液加工而成的天然树脂涂料。生漆的主要成分是一种称为"漆酚"的物质,这种物质在一定的温度和湿度条件下会固化,因而能作为黏合剂和涂料使用。漆变干就会固化硬化,干漆的最佳条件是温度15~25℃。湿度60~70%的环境,日本梅雨季节时的气候最为适宜。

关于"漆疮"

如果接触未干或未固化的生漆,大多数人都会产生过敏皮疹,又称"漆疮"。漆的主要成分"漆酚"能引发强烈的过敏反应,有些人甚至只是从漆树旁边经过都会起皮疹。所以在生漆未干的情况下,一定注意不要用皮肤直接接触生漆。出现皮疹的时候一定不要挠抓,应直接前往医院处理。

接触生漆的注意事项

应该注意尽力避免用肌肤裸露的部分碰触未干的生漆。操作时可以穿长袖衣物,戴手套(为了操作的方便可以戴薄的医用橡胶手套)。事先可在手指的周围涂抹油脂丰富的乳液,这样即使沾上生漆,也能减轻其渗透性。万一不慎沾上生漆,可先用食用油清洗,再用肥皂清洗。注意切勿立刻用清水冲洗,因为这样容易使漆固化。

你想知道的关于金缮的点滴
知っておきたい、金繕ぎあれこれ

此章节整理了一些在尝试金缮的时候需要了解的知识和注意事项等等。请与介绍具体操作步骤的内容对照参考。愿此部分能有利于您享受金缮的乐趣。

关于创新的漆

"河豚牌新型漆"是为了给钓鱼竿进行涂装或修理而制造的合成漆。采用植物性树脂，与大漆的质感相似，且不用担心过敏，又速干便利，所以该产品也常被用于金缮。系列产品包括纯树脂、不含颜料无色透明款"本透明"，以及含有不同颜料的另外 24 个品种。由于颜料添加剂中含有有害物质，所以基本上不推荐将彩漆使用在食器的金缮中。不过，如果在只用少量彩漆的情况下，可用"本透明"无色漆在彩漆上做一层罩漆，就能形成保护膜，防止有害物质的溶出。

关于黏合剂

本书基本上不推荐对盛放食物的器物进行金缮时用含有有害物质的黏合剂。但如果是纯观赏用的器物的话，用容易操作、黏合力又强的黏合剂则比较便利。尤其是较难修缮的玻璃制品，也会需要用到黏合剂。较为合适的是环氧树脂类黏合剂，各个厂家都有不同的产品，通常以液体和乳液状两种混合使用的较多。另外，也有符合食品卫生法规定的黏合剂，然而在使用类似产品时，也推荐大家务必要用透明本漆做罩漆形成保护膜。本书中提到的有使用黏合剂的修复方式，也是在确认了黏合剂成分的前提下，再采用本漆封层，并用金粉修饰的操作方式。

198

关于金缮中使用到的金属

现在在金缮中使用到的金属,除了金之外,还有银、铜、锡等等。以金为例,有被称为"丸粉"的纯金粉、纯金消粉,还有金箔。使用方法因用途各异而不尽相同。在需要突显金色的光彩时可以选择颗粒较大的纯金粉。想要营造低调含蓄的印象时,可使用金箔磨粉而成的消粉。金箔则适用于点缀大面积的修缮,或是用于漆器的修缮也很适合。对于平时使用的器物,则推荐银、黄铜或锡这类价格比金要便宜的金属。

关于漆的保管

漆是有机物,会随着时间风干、变质。在保存条件良好的情况下,大漆的有效期在两年左右。当漆色呈茶色时,就不能再用来制作漆灰或麦漆了。装在铝管中的漆靠近开口的位置容易固化,最好不时用牙签之类的工具稍做搅拌。每次使用之后,用酒精或松节油擦拭铝管的管口,可以防止下次用时盖子打不开的情况。保存时宜选择温度恒定低温避光的地方,例如放进冰箱里。此外,漆变干后容易沉底,所以使用前,一定要挤揉管身,让里面的漆充分混合均匀。请在每一次使用前都将这一操作重复几次。

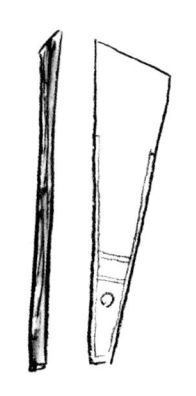

笔和工具的养护

用作涂漆的笔要用食用油清洁,然后用无水乙醇擦拭。此外,工作台在每个步骤之间都要用无水乙醇擦拭一遍。

炙烤时的注意事项

在为破损部位罩漆封护后进行炙烤时,若用到烛火等火源,要注意脸和身体远离火苗。漆燃烧产生的烟也有可能造成过敏和漆疮。

如何确保金的固化

金缮流程的最后一步,是在上金之后涂抹一层薄薄的、用无水乙醇稀释过的漆,来作为保护层。涂抹待干后重复三次上述操作可有助确保金的固化。

关于简易荫房

荫房是为了干漆过程而准备的条件适宜的储藏空间，日本也称之为"漆的浴室"，是漆艺工匠等专业人士自古传承下来的专用棚架。荫房对于金缮中漆的干燥是必不可少的设施。我们自己也可以动手制作简单的荫房。在漆干透之前要绝对避免灰尘，所以荫房除了提供阴干的环境，还要具备防尘的作用。这里推荐使用塑料储物盒或纸板箱。首先，根据需要阴干的器物的体积和数量选择大小合适的荫房。如果选用纸板箱，可以在箱体整面喷洒水雾使之充分浸润，如果选用塑料盒则可以在内部放置一条浸湿的毛巾，但要注意确保不弄湿器物。荫房内要保持湿度恒定的状态。如果是在冬季，一定要保存在暖和的房间里。梅雨季节是最适合漆阴干的环境，在那个季节没有荫房也没关系，只要保证是防尘的环境即可。生漆在荫房中阴干大约需要一天的时间，麦漆或刻苧的话则需要约两周。

金缮器物的保养

首先，我们要认识到经过金缮修复的器物，必然是比原来完好无损时的状态要脆弱。如果每天注入热水，或是粗暴对待的话，修缮的部分很可能会再次破损。也不可以在微波炉或洗碗机中使用，还要避免使用漂白剂。基本上金缮过的器物应当视为漆器来进行保养和爱护。

你想知道的金缮术语
知っておきたい金継ぎ用語

[麦漆]

黏合用漆。面粉加水捻揉后与生漆混合而成。

[刻苧]

黏合用漆。由麦漆与木粉混合而成。

[漆灰 (填缝剂)]

黏合用漆。砥粉加水捻揉后与生漆混合而成。

[生漆]

将原液进行过滤、去除异物后的液体生漆，常罐装在铝管中出售。

[黑漆]

不含油分的 100% 黑漆。常罐装在铝管中出售。

[生正味漆]

日本产的生漆。常罐装在铝管中出售。

[绘漆]

朱红色的漆，将生漆充分捻揉精制之后混入朱红推光漆搅拌而成。

[朱红推光漆]

朱红色的绘漆。常罐装在铝管中出售。

[楷清漆 / 木地吕漆]

琥珀色的漆，可作为混合颜料的基底。常罐装在铝管中出售。

[共缮]

在不想着重突显残缺部分的情况下，用与器物颜色相似的漆来填补缺损的修缮方法。

[随缘缮]

借其他陶器的碎片来进行修补的修缮方法。

金缮店铺信息
金繕ぎ・ショップリスト

此部分向您介绍能购入金缮中所需的材料和工具的店铺以及能委托金缮修复的店铺。

[材料·工具]

播与漆行

〒10-0016
日本东京都台东区台东 2-7-12 1F
03-3834-1521

http://www.urushi.co.jp/

周一、周六、周日及国定假日休息

金座 GINZA

〒104-0061
日本东京都中央区银座 8-8-5 太阳大厦 10F
03-3573-1001

http://www.goldsilver.co.jp/

周六、周日及国定假日休息

渡边商店

〒110-0005
日本东京都台东区上野 6-5-8
03-3831-3706

http://www1.odn.ne.jp/j-lacquer/

周日,及国定假日休息

东急手创（Tokyu Hands）涩谷店

日本东京都涩谷区宇田川町 12-18
03-5489-5111

http://www.tokyu-hands.co.jp/

详细营业时间请向店铺查询
并非所有东急手创分店都有相关产品出售

书中所有店铺信息更新于 2018 年 10 月。
——编者注

[可以委托金缮的店铺]

utsuwa-shoken onari NEAR

日本神奈川县镰仓市御成町 5-28
0467-81-3504

http://utsuwa-shoken.com/

周二、及每月第二、第四个周三休息

猿山

日本东京都港区元麻布 3-12-46 和光公寓 101
03-3401-5935

http://guillemets.net/

不定休

夏椿

日本东京都世田谷区樱 3-6-20
03-5799-4696

http://www.natsutsubaki.com/

周一、周二休息
(国定假日及展览期间照常营业)

wad

日本大阪府大阪市中央区南船场 4-9-3
东新大厦 2F
06-4708-3616

http://wad-cafe.com/

不定休

委托金缮时,具体工时、价格、方法,
会因各店铺情况存在差异。

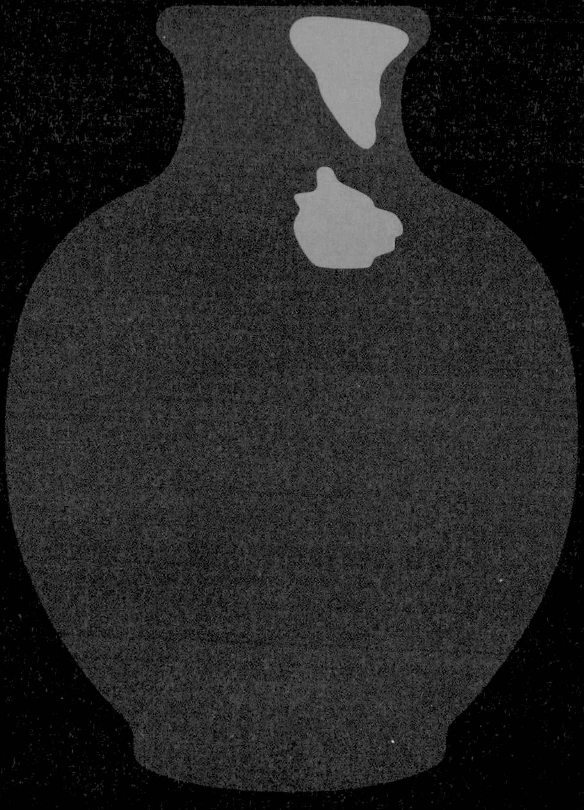

/ 译后记 /

生活是一件需要经营的事

我曾在一次旅行中,参加了一个玻璃工作坊,学做了一只造型可爱的水杯。很不幸的是,没用几次杯身上就出现了裂痕,没法再用来喝水了。但因为是自己亲手做的,总也舍不得扔。

直到某天,在逛书店时瞥见了这本关于金缮的书,书中的照片里有一只缮过的玻璃杯,花色也和我做的那一只很像。因为这个巧合我就买下了这本书。后来,我还从日本购入了书中提到的简易金缮套装,想着等到梅雨季节,自己也尝试着缮一下那只杯子。

当时我还在为台湾的一家网站采访上海的一家日式器物店。和网站的编辑闲聊时说起了这本书,又辗转经过许多有心人的推荐,竟有幸成了这本书的中文译者。

虽然我的杯子还没缮好,但幸得这一连串美好的意外,让我有机会研读了这本书。对我来说,它不仅是一本金缮的入门指南,作者更是在透过金缮探讨对待生活的态度,书中每一位受访者的故事都让我受益匪浅。读这本书让我感觉像是找到了许多心灵契合的朋友。

回想我在上小学的时候，人人都要学会钉纽扣、补袜子。但到长大以后，却并没有什么机会实践这些技能。或许因为我们有幸生活在一个富足又便利的时代，物品的更新换代越来越快。东西都不用等到用旧了用坏了，周围也不断会涌出更多更好的选择。

尽管如此，如要是遇到了一件称心称手的器物，我们似乎还是会爱不释手。比如写起来特别流畅的笔，握起来特别顺手的水杯，等等等等。从繁多的选择中找到最适合自己的那一件，或许是运气，但我想，背后必然也有设计师和工匠的执着。

比如书中采访到的陶艺家井山三希子女士，她的设计原则就是"要做出让人可以常年使用的器物"。我很赞同这种"永续设计"的精神，因为设计并不只是单纯追求好看，更是一种逻辑，是优化"用户体验"的手段，帮助我们把生活经营得更好。或许透过自己爱用的器物，我们也能窥视自己最理想的生活状态。

器物不仅是生活的镜子，也会成为感情和记忆的载体，变得更为弥足珍贵。

自己亲手做的水杯、外公用过的手帕、朋友旅行时买回来的碟子⋯⋯

我们会珍惜对待这些东西，坏了也舍不得扔，还想要悉心去修补，不外乎是寄情于物吧。

就像书中采访到的猿山修先生所说，如果不是有各种情感的凝结，或许不会想要去修缮一件普通的器物。"缮"这个汉字，就很好地体现了"百感交集、欲善其物"的意思。

所以我觉得"惜物之心"其实是想要悉心经营生活和情感的那一份热望。

有了这样的一颗心，才会用最贵重的金去修补爱用的器物。才会用最大的耐心和善意去面对生活中的挫折。

而这其中的收获，或许就像缮过的痕迹，成为自身的一部分，却闪耀着新的生命力。

最后，要再一次感谢潇潇，Agnes，YY，Limin，没有和你们的一期一会就不会有这本书，我也不会有机会在这里和大家唠叨这些读后感。但愿这本书也能遇到很多志同道合的朋友。